초
월
자

TRANS
초월자
윤왕 지음

CENDENT

한계 없는 나를 만나
완전한 정신적 자유를 얻는 길

채륜

초월자의
여정을 떠나라

"어떻게 그렇게 자기확신이 뚜렷해요? 인생에 아무런 고민과 걱정이 없으신 것 같아요. 마음이 너무 여유롭고 행복해 보이세요."

주변 사람들에게 자주 듣는 이야기이다. 나는 현재 그토록 원했던 현실을 스스로 창조하여 행복한 인생을 살아가고 있다. 하루하루가 행복하고 에너지가 넘친다. 나는 사회적인 커리어나 업적 면에서 대단한 성공을 거둔 사람은 아니다. 또한 막대한 부와 경제적 자유를 이룬 사람도 아니다. 하지만 나는 완전한 자기실현과 심리적 성공을 거둔 사람이다.

자기실현이란 삶의 매 순간 자신이 가진 근본적인 내적 욕구를 실현하는 의미 있는 삶을 살아가는 것을 말한다. 심리적 성공은 자기 삶과 운명을 사랑하고 만족하는 마음을 뜻한다.

그렇다. 나는 매 순간 의미 있는 삶을 살아가며, 내 삶에 완전한 만족감과 행복감을 누리고 있다. 내가 거둔 모든 성과는 이 책에 제시된 '7단계 자기초월의 법칙'을 내 삶에 하나하나 적용한 덕분이다. 나는 삶을 포기하고 싶은 절체절명의 순간에 초월의식(이하 초의식)의 힘을 경험하였다. 처음 접한 초의식의 느낌은 매우 강렬하였다. 나는 그때의 그 기분을 절대 잊지 못한다. 초의식을 느낀 그 순간 정말 신기하게도 온 세상이 아름답게 보였고, 마치 온 세상의 진리를 깨우친 느낌이 들었다.

매사 부정적인 생각과 감정으로 가득 찼던 내가 삶의 모든 부분을 긍정적으로 받아들이고 있었다. 불안, 걱정, 두려움과 같은 부정적인 마음은 자신감, 확신, 희망과 같은 긍정적인 마음으로 전환되기 시작했다. 초의식은 점점 내 마음속을 환한 빛으로 물들였고 눈부시도록 찬란하게 만들었다. 내 마음은 무한한 행복과 풍요, 사랑, 여유, 인류애 등 긍정적인 에너지로 가득 찼다.

나는 가능한 한 이 초의식 세계에 오랫동안 머물고 싶었다. 그 후로 초의식 차원과 하나 되는 방법을 찾기 위해 수십 년간 꾸준한 자기 계발과 마음공부를 수행하였다. 뇌과학, 물리학,

철학, 심리학, 교육학, 성공학, 영성 등 마음의 진리를 깨우치기 위해 닥치는 대로 책을 읽었다. 정신건강에 좋다는 명상과 기도 역시 해보았다.

마침내 수많은 시행착오 끝에 본질적인 해결책을 찾았고 내 삶에 적용하기 시작했다. 이 과정을 체계적으로 이론화한 것이 바로 '7단계 자기초월의 법칙'이다. 나는 이 법칙으로 완전한 정신적 자유를 얻었다.

내 안에 존재하는 해답을 찾다

어린 시절의 나는 여의도 부잣집 도련님으로 금수저 인생을 살았다. 물질적으로 아무런 부족함이 없었다. 하지만 금수저에서 흙수저 인생으로 전락하는 것은 한순간이었다. 우리집안의 가세를 이끌던 할아버지의 사업은 자식들의 잘못된 경영세습으로 완전히 파산하였다. 우리 집도 풍파를 피할 수 없었고 서울을 떠나 경기도의 전셋집으로 이사하였다. 부모님은 새롭게 치킨 장사를 시작했고 가게를 운영하느라 자식들을 신경 쓸 겨를이 없었다.

부자의 삶과 가난한 삶의 양극단을 오간 경험은 내 정체성에 막대한 혼란을 일으키기 시작했다. 뒤바뀐 환경에 적응하지 못한 나는 피치 못할 외로움과 고독감이 밀려왔다. 학창 시절 내내 지속적인 우울증과 불안장애에 시달렸다. 마음의 병은 끊임없이 나를 괴롭혔고 인생이 점점 불행해지기 시작했다. 학교 성적은 바닥을 쳤고 자존감과 자신감 또한 하락했다. 무엇하나 내 뜻대로 흘러가는 것이 없었다. 모든 것이 불만족스러웠고 온종일 부정적인 생각만 가득했다.

심리적 고통은 갈수록 커졌고, 남은 인생을 살아가야 하는 이유와 의미를 발견하지 못했다. 이따금 삶을 끝내고 싶은 극단적인 생각이 치밀어 올랐다. 하지만 이대로 아무것도 못 해보고 쉽게 인생을 포기하기는 싫었다. 문제해결을 위해 고가의 정신과 치료나 심리상담도 받아봤다. 그러나 효과는 일시적일 뿐 근본적인 해결책이 되지 못했다. 어떠한 방법도 뚜렷한 효과가 없자 나는 스스로 해결책을 찾아야겠다고 다짐했다.

하늘이 내 간절한 바람을 들어준 탓일까? 어느 날 어머니의 추천으로 에크하르트 톨레의 《지금 이 순간을 살아라》라는 책을 읽게 되었다. 책이 전하는 메시지는 매우 간명했다. "삶은 지금이다. 과거도 현재도 미래도 오직 지금 이 순간에만 존재한다."

이 책은 내가 그동안 당연하게 여겨왔던 생각과 믿음에 대한 붕괴를 가져왔다. 기존의 나는 지금이 아닌 과거의 회상과 미래의 상상 속의 세계에서만 살고 있었다. 그렇다. 내가 가진 불안은 모두 다 현재를 부정하고 과거와 미래에만 집착한 데서 비롯된 것이었다.

나는 책을 통해서 중요한 깨달음을 얻었다. "어떤 결심을 내린 그 순간은 과거가 되고, 다시 그 결심을 실행으로 옮기는 순간은 미래가 된다. 결국 삶은 지금 이 순간의 내가 어떻게 마음먹느냐에 따라 결정되는 것이다."

그때부터 나는 내 마음속 내면세계를 의식적으로 탐구하였다. 현재의식(감각, 감정, 지각)부터 시작해서 잠재의식(성향, 기질, 기억)을 차례대로 들여다보았다. 이후엔 내 안에 깊은 곳에 존재하는 불편한 무의식(유전적 기질, 억압된 욕구, 결핍감)과도 마주하였다.

나의 내면은 부정적이고 그릇된 생각과 감정들로 가득 차 있었다. 나는 스스로 오랫동안 무의식에게 '셀프 가스라이팅'을 당하고 있다는 사실을 깨달았다. 무의식은 나의 본능과 결핍을 에너지 삼아 잠재의식을 조종하고 지배하였다. 잠재의식은 부정적이고 암울한 기억에만 파묻혀서 현재의식에 영향을 미쳤다. 현재의식은 나와 세상을 바라보는 비관적인 정체성을 심어주었다. 이 악순환은 계속해서 반복되고 있었다.

나는 무의식에서 발생하는 생각과 감정을 나와 동일시하지 않고 그저 지켜보는 연습을 하였다. 처음에는 이 불편한 마음을 관조하는 것 자체가 어려웠다. 하지만 지속적인 마음공부로 내면에 잠재된 트라우마와 고통을 정화해 나갔다. 점차 무의식 차원에 머무르는 것이 익숙해졌다. 때때로 부정적인 감정이 몰려와도 휩쓸리지 않고 그저 흘러가도록 내버려 두었다. 그러자 조금씩 변화가 일어났고 무의식의 영향력은 줄어들기 시작했다.

　나는 이제 더 이상 이미 지나간 과거와 다가오지 않은 미래를 집착하거나 걱정하지 않았다. 결론적으로 그동안 나를 사로잡았던 불안, 결핍, 우울, 공허감과 같은 온갖 번뇌의 감정에서 벗어나게 되었다. 나는 여기서 멈추지 않고 무의식을 넘어 초의식의 세계를 탐험하기 시작했다. 내가 경험한 초의식 세계는 무한한 행복과 풍요로 가득 차 있었다. 초의식은 의식의 전체이자 근원으로써 내가 가진 완전함을 자각하도록 만들었다.

　인생의 궁극적인 진리와 깨달음을 얻은 위대한 철학가와 성인, 예술가, 사업가, 종교가들은 시대를 불문하고 모두 다 같은 메시지를 전달한다. "삶에 관한 모든 해답은 이미 나에게 있다."라는 사실을 말이다. 초의식 세계를 경험한 나 역시 세상을 바라보는 관점이 완전히 달라졌다. 결국 나 스스로 얻는 내적 깨달음과 통찰력이 본질적으로 가장 중요했다. 삶에 관한 모든 문제의 근본적 해답은 외부세계가 아닌 내면세계에 존재하고 있었다.

　초의식의 힘을 사용한 결과는 실로 놀라웠다. 늘 불확실성 속에서 허덕였던 내가 뚜렷한 자기확신이 생겼다. 나는 내 마음의 온전한 주인이 되어 내 생각과 감정을 원하는 대로 컨트롤하게 되었다. 그 후로 인생이 모두 내 뜻대로 흘러가기 시작했다.

　나는 무엇을 해야 의미 있고 충만한 삶을 살 수 있는지 명확하게 알았다. 때때로 인생에 시련과 고난이 찾아와도 좌절하거나 낙담하지 않았다. 나는 언제나 내 안에 존재하는 해답을 찾고 실행으로 옮겼다. 결과적으로 나는 나 자신의 한계를 벗어나 내가 원하고 마음먹은 모든 것을 이뤘다. 내 인생에 진정한 초월자로 거듭난 것이다.

나에게로 떠나는 마음여행

　자기 존재 자체의 완전함을 깨닫고 진정한 정신적 자유를 이룬 사람, 나는 이런 사람을 '초월자'라고 칭한다. 초월자는 인간, 본능, 운명, 정신이 가진 네 가지 차원의 한계를 초월한다. 보다 구체적으로 말하자면, 인간이 가진 정체성과 잠재력의 한계, 본능적이고 선천적으로 타고난 욕망, 운명이 가져오는 속박과 굴레, 정신적인 고통을 가져오는 생각·감정·느낌의 의식작용을 모두 초월하여 완전한 내면의 평화를 얻는다.

　초월자는 자신에게 주어진 여건과 환경의 변화와 관계없이 가장 본질적으로 행복하고 풍요로운 삶을 살아간다. 따라서 당신이 초월자가 된다면 삶의 모든 면에서 아무런 부족함과 결핍감이 없는 완전한 정신적 자유를 얻을 수 있다.

　우리는 모두 마음이 평안하고 행복한 삶을 바란다. 하지만 우리는 인생을 살면서 헤아릴 수 없이 많은 불편한 생각과 감정에 휩쓸리고, 그 마음이 빚어낸 다양한 문제에 맞닥뜨리게 된다. 더군다나 우리는 생각보다 그 문제를 해결하는 명쾌한 해답을 찾아내지 못한다. 자기 마음을 이해하고 다루는 방법에 대해서 어디에서도 공식적으로 배워본 적이 없기 때문이다.

우리의 마음은 항상 어딘가에 머무르고 있다. 때로는 즐겁고 편안한 곳에서, 때로는 불안과 불편한 상황에서, 때로는 고통과 슬픔 속에서 존재한다. 우리는 이렇게 즉각적이고 동시다발적으로 생성·소멸하는 마음의 움직임을 강제로 멈출 수 없다. 그러나 우리는 이 마음의 움직임을 바라보면서 그중에 어떤 것을 진실로 받아들일지 선택할 수 있는 권한을 갖고 있다.

우리가 받아들이는 현실은 모두 다 마음이 빚어낸 것이며, 그 마음을 바라보는 관점에 따라 우리의 존재가치가 결정된다. 누구도 우리의 인생을 근본적으로 변화시키지 못한다. 인생을 변화시킬 진정한 힘은 이미 우리의 마음 안에 자리하고 있다.

우리는 바깥세상에서 일어나는 일의 과정이나 결과를 통제할 수 없다. 우리가 통제할 수 있는 것은 오직 우리의 마음뿐이다. 자기 마음의 온전한 주인이 되어 내 뜻대로 살아가는 것 이것이 곧 자기초월을 이룬 초월자의 삶이다. 인생에 고통과 불안은 모두 다 마음 안에서 비롯된다. 고로 자기 마음을 컨트롤하게 되면 무한한 가능성과 잠재력, 창조, 풍요, 행복, 안정이 가득한 초의식 차원에 머무르며 진정한 정신적 자유를 누릴 수 있다.

현재 내 삶의 목적이자 꿈은 마인드 어드바이저Mind Advisor('마음 조언자'라는 뜻으로 저자 스스로 부여한 직업명을 칭함)로서 사람들의 자기초월을 이루도록 돕는 것이다. 다시 말해, 인생에 완전한 정신적 자유를 얻는 초월자의 세계로 안내하는 것이다. 매일매일 불안, 걱정, 근심, 고민 없이 평화로운 인생을 살아간다고 상상해 보자. 상상만으로도 행복하지 않은가? 그러나 이는 상상 속에서만 가능한 일이 아니다.

이 책은 자기 마음의 주인이 되는 방법으로 7단계 자기초월의 법칙을 안내한다. 책에서 제시하는 단계별 절차만 잘 이행한다면, 마음속 참된 나의 힘을 찾고 존재 자체로 완전한 초월자의 삶을 살아가게 될 것이다. 그저 자기 자신을 믿고 따라오면 된다.

이제 당신도 초월자가 되어 자기 인생에 진정한 주인으로 거듭나보자. 매 순간 의미 있는 삶을 살아가며 완전한 정신적 자유와 행복을 누려보자. 한계 없는 나를 자각하는 최고의 나 사용법을 획득해보자. 당신이 이 책을 제대로 독파한다면, 다음과 같은 세 가지의 비결을 터득하게 될 것이다.

① 자기 한계를 초월하여 존재 자체로 완전한 사람으로 살

아가는 비결

② 특정한 시기와 장소, 상황에 영향받지 않고 삶의 모든 면에서 부족함과 결핍감이 없는 정신적 자유를 얻는 비결

③ 돈, 외모, 학벌, 명예와 같은 세속적인 조건과 관계없이 인생 자체로 행복해지는 비결

이 책에서 제시하는 '자기초월의 법칙'을 완전히 터득하고 체화해보자. 자기 한계와 제약을 뛰어넘고 새로운 세계의 의식 차원으로 진입해보자. 이 책은 당신의 의식 차원을 높임으로써 마음이 주는 온갖 고통으로부터 해방되도록 도울 것이다. 마침내 정신적으로 가장 완전한 상태인 초의식 세계로 도달한다면, 궁극의 행복과 평화를 느끼게 될 것이다.

자, 이제 자신이 가진 무한한 힘을 믿는 마음의 준비가 되었는가? 그렇다면,《초월자》로 인생에 새로운 페이지를 열고 오직 당신만이 실현할 수 있는 진짜 나다운 삶을 개척해보자. 이 책의 진짜 주인공은 저자인 윤왕이 아닌, 독자인 당신이다. 《초월자》는 한계 없는 완전한 나를 알아가는 특별한 여정을 안내할 것이다.

자신의 인생에 진정한 초월자로 거듭나는 자기초월의 여정을 함께 떠나보자. 이 여정을 모두 끝마친다면, 당신 안에 존재하는 본연의 나와 하나 되는 일체감을 맛보게 될 것이다. 당신은 본래 존재 자체로 완전하며, 무한한 가능성과 잠재력을

지니고 있다. 지금의 현실을 새롭게 구현할 창조자는 바로 당신 자신이다. 《초월자》에서 지금까지 말한 내용에 관한 증거를 직접 확인해 보자. 지금 즉시 이 책을 통해서 나에게로 떠나는 마음여행을 시작해보자.

차례

1단계
자기인식

2단계
자기전환

3단계

자기확신

4단계

자기긍정예언

7단계

자기초월

완벽함이 아닌
완전함의 이야기

이 책은 당신의 삶에서 영원히 변하지 않을 가장 본질적인 것을 소개할 것이다. 이 책은 한마디로 완벽함이 아닌 완전함의 이야기이다. 완벽함과 완전함, 당신은 이 두 가지 개념의 차이를 아는가?

완벽함이란 외면상 눈에 띄는 부족함이나 결함이 없음을 의미한다. 완벽함은 상대적이며 시공간의 상황과 조건에 따라 달라진다. 완벽함은 우리 바깥의 외부 세계에 존재하기 때문이다.

예를 들어, 누군가에게 완벽해 보이는 사람도 다른 누군가에겐 한없이 부족한 사람일 수 있다. 또한 지금 당장은 완벽해 보여도 시간이 지나 문제점이나 오류가 발생할 수도 있다. 시대에 따라서 완벽한 외모와 배우자의 조건이 달라지듯이 완벽함의 순간은 찰나이며 시간과 장소에 따라 변하기 마련이다.

반면에 완전함이란 내면상 아무런 부족함이나 결함이 없음을 의미한다. 완전함은 절대적이며 시공간의 상황과 조건에 따라 달라지지 않는다. 완전함은 우리 내면의 의식 세계에 존재하기 때문이다.

일례로, 당신은 지금 이 책을 읽고 있다는 사실을 완전히 자각할 수 있다. 즉, 당신의 생각, 감정, 느낌은 수시로 변화되지만, 그것들을 인식하는 당신의 의식은 본질적으로 생성되거나 소멸하지 않는다. 그저 본래의 그 자리에 있는 그대로 존재할 뿐이다.

당신과 나, 그리고 우리는 모두 완벽하지 않은 사람이다. 아무리 뛰어난 사람도 삶의 모든 면에서 완벽함을 갖고 유지하는 사람은 존재하지 않는다. 그러나 우리는 모두 본래 존재 자체로 완전한 사람이다. 다만 육안으론 보이지 않는 자아의 경계에 의해 아직 의식적으로 온전히 인지하지 못하고 있을 뿐이다.

당신은 이 책이 안내하는 가이드를 따라 정신적으로 가장 완전한 상태에 도달할 수 있다. 《초월자》는 당신의 완전함을 깨닫는 매 순간순간의 여정을 함께할 것이다. '당신이 가진 완전함을 온전히 자각하도록 돕는 것' 바로 이것이 내가 이 책을 쓴 목적이자 이유이다.

정신적 빈곤감

현재 우리는 어떠한 현실을 살고 있는가? 사람들은 자신의 완전함을 망각한 채 완벽함만을 추구하고 있다. 돈, 외모, 학벌, 명예와 같은 삶의 전반적인 조건에서 부족함이 없는 완벽한 삶을 꿈꾼다. 완벽함을 추구하는 인간의 성향은 끊임없이 새로운 욕망을 갈구한다. 인간은 자신이 지닌 욕망을 실현하지 못하거나 이상과 현실 사이의 갭이 있을 때 불안감, 우울감, 결핍감, 분노감, 공허감과 같은 감정을 생산한다. 자신이 생각하는 방향대로 잘살고 있는 것인지에 대한 의문, 남들에 비해 뒤처지고 있다는 생각은 감정적인 고통을 더욱 가중한다.

현재 우리는 과거 조상과 기성세대보다 물질적으로 풍족하지만, 정신적으로는 빈곤한 삶을 살아가고 있다. 과학기술과 물질문명은 빠르게 진보했지만, 우리의 정신 차원은 그에 걸맞게 진화하지 못했기 때문이다. 현대사회를 살아가는 수많은 사람은 삶의 불안정성을 느끼며, 마음의 병과 스트레스로 인한 고통과 어려움을 겪고 있다. 마음의 병은 현대인이라면 누구나 겪게 되는 흔하디흔한 질병이 되어 버렸다.

사람들은 이러한 정신적 빈곤감을 채우기 위해 외려 물질적인 욕구와 쾌락을 계속해서 갈망하고 있다. '돈만 있으면 무엇이든 다 된다.'라는 물질만능주의 환상은 오랜 세월을 거쳐서 마치 '집단 무의식'처럼 우리의 의식에 깊게 뿌리내렸다.

경제위기와 빈부격차, 양극화 현상 등이 두드러질수록, 사람들은 돈이 가진 가치를 더욱 신뢰하고 맹신하고 있다. 지금도 수많은 사람이 경제적 자유를 꿈꾸며, 돈의 굴레에서 벗어나길 희망하고 있다. 경제적 자유와 조기은퇴를 꿈꾸는 파이어족, 다수의 직업을 갖는 N잡의 열풍은 이러한 시대적 흐름을 대변하고 있다.

경제적 자유 VS 정신적 자유, 당신의 선택은?

사람들은 왜 이토록 경제적 자유를 갈망할까? 크게 두 가지 이유가 있다. 첫째, 인간은 본능적으로 무언가에 얽매이는 것을 싫어한다. 둘째, 인간은 자신의 자유의지에 반하는 삶을 살길 원하지 않는다. 경제적 자유는 바로 이 얽매이는 삶과 자유의지를 거스르는 삶, 양측 면에 대한 해방을 가져온다.

인생 대부분의 시간을 자신이 원하고 좋아하지도 않는 일에 투자하고 싶은 사람은 없을 것이다. 돈은 우리가 좋아하는 무엇을 하기 위한 용도로써 사용할 때 의미와 가치가 생긴다. 우리가 돈을 버는 목적은 기본적인 생계유지의 수단을 떠나서, '갖고 싶은 것'과 '하고 싶은 것'을 제약 없이 행하기 위해서다. 이 말을 바꿔 말하면, 돈은 어떤 것을 하고자 하는 수단이나 목표가 될 수 있지만 목적 자체가 될 수는 없다.

경제적 자유를 달성하면 의미와 가치를 느끼지 못하는 일을 관두고, 좋아하는 일을 할 수 있는 여건이 조성된다. 다시 말해, 사람들이 경제적 자유를 원하는 이유는 '해야만 하는 일을 하고 싶은 일로 전환하기' 위함이다. 돈은 우리가 하고 싶은 일을 할 수 있는 선택권을 부여한다. 자신의 의지에 따라 무언가를 선택하고자 하는 욕구는 인간의 본능이다. 우리는 자신이 원하는 일을 선택할 때 행복감과 만족감을 얻는다. 따라서 경제적 자유의 최종목적은 돈 걱정 없이 좋아하는 일을 마음껏 하면서 누릴 수 있는 행복을 얻기 위함이다.

돈은 분명 우리의 삶을 행복하게 만드는 데 필요한 도구들을 제공한다. 그러나 돈으로 쾌락이나 즐거움 같은 일시적인 감정은 살 수 있지만, 지속적인 내면의 평화와 행복을 살 수는 없다. 다시 말해서, 돈은 인생에서 가장 가치 있고 의미 있는 것을 사지 못한다.

예를 들어, 돈으로는 진정한 사랑과 우정, 존경, 지혜, 마음을 살 수 없다. 돈은 기본적으로 자본주의로 이뤄진 물질세계에서 비롯된 욕망과 결핍감을 채우기 위한 수단으로 사용되기 때문이다. 물질세계에서 비롯된 욕망은 충족되는 즉시 사라지기 시작한다. 욕망이 충족되어 나타나는 기쁨은 일시적이며, 이전보다 더 강한 자극과 쾌락을 계속해서 요구하게 된다.

성공한 연예인과 부자들이 마약에 쉽게 중독되는 이유가 여기에 있다. 그들은 이미 막대한 부와 성공을 이뤘기에, 더이상 새로운 자극이나 흥미를 쉽게 얻지 못한다. 결국엔 인생의 의미를 찾지 못하고, 마약, 도박, 성적 욕망과 같은 쾌락만을 추구하게 된다. 이와 같은 것들은 뇌에서 보상이나 쾌락을 담당하는 호르몬인 도파민을 쉽게 분비하기 때문이다. 그러나 도파민의 효과는 일시적이기에 금세 부족감과 결핍감을 느낄 수밖에 없다. 결국 물질적 쾌락과 만족만을 추구하는 사람들은 이전보다 더 새롭고 강한 자극을 추구하는 욕망의 노예로 전락하고 만다.

물질세계에서 비롯된 감각적 욕망은 우리가 가진 욕구와 결핍감을 근본적으로 채우지 못한다. 그런데도 여전히 사람들 대다수는 돈, 권력, 지위, 명예, 인기와 같은 세속적인 욕망을 채우길 원한다. 도파민이 생성한 일시적인 쾌락과 즐거움의 감정을 진짜 행복으로 착각하고 있기 때문이다. 물론 행복의 기준은 분명 사람에 따라 다르다. 그러나 우리가 원하는 궁극적인 행복은 일시적으로 나타났다 사라지는 감정이 아닌 것만은 분명하다.

나는 돈으로 획득할 수 있는 행복을 부정하는 것은 아니다. 그러나 앞서 언급했듯이, 돈을 통해 얻는 즐거움과 행복은 명확한 한계가 존재하는 것이 사실이다. 이 책의 서두에서 언급한 완벽함과 완전함의 차이를 떠올려 보자. 완벽한 행복은 가

변적이며 시공간의 상황에 따라 변하는 행복이다. 반면에 완전한 행복은 절대적이며 본질적으로 변하지 않는 행복을 뜻한다. 돈은 당신에게 행복의 강도와 지속성 측면에서 완전한 행복을 보장하지 않는다. 다시 말해서, 경제적 자유는 당신의 삶을 완벽하게 만들 수 있지만, 본질적으로 완전하게 만들지는 못한다.

인생은 불확실성의 연속이며, 수많은 변수가 존재한다. 지금 당장은 문제가 없더라도 언제든지 삶의 시련과 고난이 닥칠 수 있다. 특정한 상황에 따라 일희일비하는 행복이라면 진정한 행복이라고 할 수 없다. 진정한 행복은 어떠한 상황에서도 흔들림 없이 유지되는 행복감과 안정감의 마음이다. 이는 곧 정신적 자유를 의미한다. 정신적 자유를 달성한 사람의 뇌는 행복 호르몬인 엔도르핀과 평온 호르몬인 세로토닌의 지속적인 분비를 촉진한다. 즉, 정신적 자유는 감각적 욕망의 충족으로 나타나는 일시적인 쾌락의 감정과 달리, 무한한 행복감과 만족감을 선사한다.

경제적 자유가 완벽한 행복을 보장한다면 정신적 자유는 완전한 행복을 보장한다. 물론 어떠한 행복을 더 중요하게 여길지는 당신의 가치관과 선택에 달려있다. 하지만 분명하게 말할 수 있는 점은 경제적 자유라는 목표는 정신적 자유라는 최종목적을 달성하기 위한 수단이자 도구로 작용한다는 점이다. 따라서 만약에 당신이 본질적으로 영원한 행복과 평화를 얻길 원한다면, 정신적 자유라는 가치를 더 우선시해야 한다.

내 주변에도 역시 파이어족을 비롯해 경제적 자유를 꿈꾸는 이들이 많다. 그러나 정작 그들에게 경제적 자유를 얻고자하는 목적이 무엇이냐고 물어보면 뚜렷한 대답을 하는 이가드물다. 그들에게 돌아오는 대답은 대략 이렇다.

"글쎄... 구체적으로 생각해 본 적은 없는데, 부자가 되면 행복해지지 않을까요?"

"경제적 자유 달성을 목표로만 생각했지, 막상 그 이후의 삶은 뭘 해야 할지 잘 모르겠네요."

이렇게 자기 인생에 뚜렷한 목적 없이 목표만 쫓아가는 삶은 방향성을 잃어버리기 쉽다. 다시 한번 강조하지만 경제적자유 자체는 인생을 살아가는 본질적인 목적이 될 수 없다. 경제적 자유를 먼저 달성해야만 정신적 자유가 뒤따르는 것이아니다.

자기초월을 통해 당신이 가진 한계를 초월하면 당신이 바라고 생각했던 그 이상의 가치를 얻게 된다. 자기초월을 이룬초월자는 존재 자체로 완전하기에 현실에 불만족하거나 남과비교하고 시기 질투하는 마음이 사라진다. 어떠한 상황에서도멘탈이 흔들리지 않고 자기만의 무한한 가능성과 잠재력을 실현해나간다. 이러한 과정이 거듭되면 결국 정신적 성공을 비롯한 물질적 성공 또한 자동으로 따라오게 된다. 결국, 어떤 일을 하든 그 에너지는 오직 '나'로부터 나온다. 정신적으로 완전해야 더 신속하고 안정적인 경제적 자유를 이룰 수 있다.

정신적 자유를 얻어야 하는 이유

앞서 충분히 언급하긴 했지만, 사실 경제적 자유는 익숙해도 정신적 자유라는 단어 자체를 처음 접하거나 생소하게 느끼는 이들이 많을 것이다. 또한 정신적 자유를 얻어야 하는 필요성에 대해서도 크게 공감하지 못하고 아마 이런 식으로 반문하는 사람도 있을 것이다. "그래. 정신적 자유가 좋다는 건 알겠어. 근데 실생활에서 어떻게 도움이 되는데? 아직 뭔가 크게 와닿지 않아."

자, 그러면 정신적 자유의 필요성을 논하기 전에 다시 제대로 된 정의부터 알아보자. 이 책에서 말하는 정신적 자유란 특정한 시기나 장소, 상황과 관계없이 언제 어디서나 흔들림 없는 내면의 평화와 행복을 유지하는 상태를 뜻한다. 정신적 자유는 결코 일시적으로 얻는 결과물이 아니다.

진정한 정신적 자유는 무한하고 영원한 행복을 상징한다. 정신적 자유를 이룬 사람은 삶의 모든 면에서 부족함과 결핍감을 느끼지 못한다. 그런데 정신적 자유를 이루면 구체적으로 어떤 것이 좋을까? 정신적 자유를 얻은 당신은 대표적으로 다음과 같은 여덟 가지의 선물을 받게 될 것이다.

» 자존감

정신적 자유를 이룬 사람은 인생에 부족함이나 결핍감을 느끼지 못하기에 자존감 역시 충만해진다. 즉, 어떠한 상황에서도 자기 자신과 운명을 사랑하는 마음을 가진다.

» 자기조절력

자신의 감정, 행동, 욕망을 스스로 다루고 조절하는 능력이 생긴다. 자기조절력은 마음을 괴롭히는 불안, 걱정, 스트레스와 같은 감정적인 고통에서 벗어나도록 촉진한다.

» 인간관계

자신뿐만 아니라 타인의 생각과 감정을 깊이 있게 이해하고 공감하는 감성지능이 향상된다. 감성지능은 인간관계에서 오는 감정적인 스트레스를 줄이고 현명한 대인관계를 유지하도록 돕는다.

» 커리어

내적으로 안정된 사람은 자신이 무엇을 좋아하는지, 어떠한 강점과 가치를 가졌는지 뚜렷하게 인식한다. 이를 바탕으로 자신이 일하는 분야에서 두각을 드러내고 성공적인 커리어를 쌓는다.

» 몰입력

자기 인생에 의미와 만족을 가져오는 삶이 무엇인지 알게 되고, 그것을 실현하는 자기실현의 삶을 살게 된다. 삶의 방향성이 뚜렷해지면 자동적인 동기 부여가 발동되면서 몰입력이 향상된다.

» 창의력

어떤 대상이나 정보를 선입견과 편견 없이 바라보고 수용하는 마음가짐이 생긴다. 서로 다른 이질적인 개념을 통합적으로 받아들이면서, 이쪽저쪽 '선 긋기'가 아닌 '선 잇기'를 할 때 가장 창의적인 아이디어가 탄생한다.

» 문제해결력

인간의 뇌는 정신적으로 안정되고 이완된 상태에 놓여있을 때 최상의 기능을 발휘한다. 내적으로 안정된 사람은 자신의 잠재력을 끌어올리면서 삶의 어려운 문제를 능숙하게 대처해 나간다.

» **자기결정권**

자기 내면의 목소리에 귀 기울이며, 인생에 주도권과 통제권을 가져오는 자기 결정권을 획득한다. 자기 결정권을 가진 사람은 외부 세계와 타인의 개입에 휘둘리지 않고 주체적인 삶을 살아간다.

당신의 마음이 당신의 현실을 창조한다

정신적 자유를 얻기 위해서는 어떠한 방법이 필요할까? 일반적인 방법은 자기 계발, 심리치료, 명상과 같은 방법을 적용하고 실천하는 것이다. 그러나 현대사회에서 이와 같은 방법들은 개인 자체의 문제해결력을 키워주지 않고 그때그때 당장 눈앞에 닥친 문제와 고민을 해결하는 용도로 사용되는 경우가 허다하다. 시중에 존재하는 방안 대부분은 개인 스스로 터득하는 내적 깨달음을 배제한 채 단편적·일시적·피상적인 스킬과 노하우만을 전달하고 있다. 문제를 발생시키는 근본적인 원인을 찾고 뿌리 뽑지 못하니 정신적인 고통과 악순환이 반복되는 것이다.

사람의 본성은 자기 스스로 각성하지 않는 이상 근본적인 변화가 일어나기 힘들다. 진정한 변화는 오직 깨달음을 동반한 행동으로부터 나온다. 따라서 이 책은 당신이 가진 완전함을 스스로 깨닫도록 도울 것이다. 그러므로 사실 정신적 자유를 이루는 방법은 이미 당신에게 존재한다. 무슨 말이냐고? 우리는 생각보다 우리 자신을 모른다. 삶의 모든 문제에 관한 해결책은 이미 내 마음 안에 있다.

앞서 말한 나의 이야기를 떠올려 보자. 정신적 자유를 얻기 위한 첫걸음은 우리의 마음속에 존재하는 의식차원을 이해하는 것이다. 의식은 우리가 겪는 모든 경험을 인식하는 주체이다. 반면에 우리의 생각과 감정은 의식의 대상으로 인식되는 객체이다. 마음은 의식의 전체이며, 의식은 생각과 감정을 통제하고 다스린다. 쉽게 말해서, 우리의 의식 차원에서 발생하는 생각과 감정은 모두 마음을 통해서 인식되고 생성된다.

인생이란 결국 우리가 가진 생각과 선택에 의해 결정된다. 고로 마음의 주인이 되면 인생이 내 뜻대로 흘러간다. 인생을 변화시킬 힘은 당신의 마음속에 있으며, 현실을 바꾸는 것 또한 당신 자신에게 달려있다. 이전보다 더 나은 삶을 살려면 바깥의 외부세계를 변화시키는 것이 아니라 먼저 내 안의 내면세계를 바꿔야 한다.

그러나 안타깝게도 우리 대부분은 모든 해결책을 자기 안에 갖고 있음에도 불구하고 그 사실을 깨닫지 못하고 있다. 앞서 언급했듯이, 물질세계에서 비롯된 욕망과 유혹에 눈이 멀어 정신이 바깥으로만 향해 있는 탓이다. 우리는 타인이나 외부세계에 관심이 많지만, 정작 자신의 내면세계에 관한 관심이 부족하다. 정신적 자유를 이루기 위해서는 자신의 마음속에 끊임없는 관심과 집중을 기울여야 한다.

의식의 차원이동

물론 내 마음의 주인이 되는 과정은 절대 순탄치 않다. 자기 마음의 주인이 되기 위해서는 내면세계를 탐구하는 의식의 차원이동을 해야 한다. 의식의 차원이동이란 자기 내면의 의식세계를 탐구하며 '현재의식→ 잠재의식→ 무의식→ 초의식'으로 이동하는 과정을 의미한다.

당신은 의식의 차원이동을 통해 내부세계로의 마음여행을 떠날 수 있다. 단, 마음여행을 떠나기 위해서는 먼저 의식 차원에 관한 이해가 필수적이다. 인간의 의식은 다음과 같이 네 개의 차원으로 이루어져 있다.

» 현재의식

생각, 감정, 감각, 지각, 느낌, 판단의 의식영역이다. 인간은 다섯 가지 감각기관인 오감을 통해 세상을 받아들이고 인식한다. 현재의식은 우리가 일상을 경험하는 방식으로 즉각적으로 알아차릴 수 있는 의식이다.

» 잠재의식

믿음, 기대, 기억, 꿈, 상상, 영감, 잠재된 욕구의 의식영역이다. 잠재의식은 현재의식과 무의식의 중간 단계에 위치한다. 잠재의식은 평소에 인식되지 않지만 마음먹기에 따라 끌어낼 수 있는 의식이다.

» 무의식

본능, 유전적 기질, 결핍감, 편견, 억압된 욕구의 의식영역이다. 무의식은 잠재의식과 달리 의식적으로 지각되지 않은 채 사람의 마음속에서 끊임없이 활동한다. 무의식은 인간의 사고 과정에 깊이 침투하여 정신과 행동을 지배한다.

» 초월의식(초의식)

무한한 가능성과 잠재력, 창조, 풍요, 사랑, 활력, 행복, 안정, 여유, 평화의 의식영역이다. 초의식은 현재의식, 잠재의식, 무의식의 모든 의식차원이 통합을 이룬 상태다. 초의식은 의식의 전체이기에 생성, 소멸, 이동될 수 없다. 초의식은 존재 자체로 완전한 의식이다. 초의식은 자기초월의 영적 의식으로 영원불멸하며 무한한 여기와 영원한 지금에 존재한다.

현재의식은 잠재의식의 영향을 받는다. 잠재의식은 무의식의 영향을 받는다. 현재의식, 잠재의식, 무의식은 초의식에 의해 통합되고 재생성된다. 다시 말해서, 초의식은 전체의식(현재의식+잠재의식+무의식)이 통합을 이룬 상태를 뜻한다. 초의식은 존재하는 모든 생명의 근원이자 본질이다. 초의식은 자기초월의 영적의식으로 영원불멸과 무한한 가능성, 잠재력의 표상이다. 우리가 가야 할 마음여행의 최종목적지는 초의식으로 이뤄진 세계다.

초의식 세계에 진입하기 위해서는 이 책이 소개하는 7단계 자기초월의 법칙을 차례대로 밟아 나가야 한다. 당신은 자기초월의 법칙을 통해 내면 깊숙한 의식의 차원이동을 할 수 있다. 이렇게 의식의 차원이동을 통해 초의식 세계에 온전히 안착하게 되면 진정한 초월자로 거듭나게 된다.

7단계 자기초월의 법칙은 당신의 내면세계를 여행하는 훌륭한 가이드가 되어 줄 것이다. 당신은 이 책이 안내하는 방법에 따라 당신이 가진 본질적 가치를 깨닫고 진정한 정신적 자유를 획득하게 될 것이다.

단, 가이드를 살펴보기에 앞서 한 가지 명심할 점이 있다. 단순히 초의식 세계를 경험했다고 해서 초월자가 되는 것은 아니라는 점이다. 진정한 초월자는 삶의 매 순간을 초의식 차원과 혼연일체가 되어 살아가는 사람이다. 고로 당신은 본연의 당신이 지닌 의식의 완전함을 망각하지 않아야 한다.

나는 당신이 이 책이 안내하는 가이드를 따라서 초월자가 되길 진심으로 바란다. 이 책에서 전달하는 7단계 자기초월의 원리를 깨닫고 이행한다면 누구나 초월자가 될 수 있다. 초월자가 된다는 건 당신이 본래부터 지니고 있던 초의식의 힘을 깨닫는 일이다. 나 역시 이 법칙으로 나의 한계를 가로막는 속박과 굴레를 벗어던지고 초의식 차원으로 진입할 수 있었다.

우리는 외부세계의 여행을 통해 스스로 많은 것을 보고 듣고 느끼고 깨닫는다. 자기의 마음속 내부세계를 여행하는 것도 마찬가지다. 외부세계의 여행은 바깥세상을 널리 구경하지만, 내부세계의 여행은 우리 자신의 안쪽세상을 깊숙이 탐구한다. 내부세계를 여행하는 궁극적인 목적은 '나'라는 존재가 진정 누구이고 어떤 사람인지를 알아가는 과정이다. 한마디로 말해서, 진정한 나를 알아가는 여정이다. 그러니 잊지 말자. 마음여행의 진정한 주인공은 바로 당신 자신이라는 사실을 말이다. 당신만의 마음여행을 떠날 준비가 되었다면 이 책에서 제시하는 '7단계 자기초월의 법칙'을 미리 살펴보자.

7단계 자기초월의 법칙

» 1단계. 자기인식

자기인식은 자신만의 고유한 정체성이 무엇인지 이해하는 과정이다. 즉 자기 정체성을 구성하는 견해나 생각, 관점, 신념, 가치관을 명확히 파악하는 것이다. 자기인식은 당신의 현재의식이 당신을 어디로 이끌고 있는지 명확히 보여준다. 당신은 자기인식을 통해 자신이 누구이며 어떤 생각과 감정을 갖고 살아가는 사람인지 알게 된다. 자기인식은 초월자로 진입하는 첫 관문이다. 자기인식이 선행되지 않으면 결코 초월자의 세계로 입문할 수 없다. 일생을 자기 자신이 어떤 사람인지도 모른 채 그저 자기 생각과 감정에 놀아나게 된다.

» 2단계. 자기전환

자기전환은 자기인식으로 파악한 정체성을 새롭게 업데이트하는 것이다. 자기전환이 일어나기 위해서는 기존에 당신의 정체성을 이루는 인생관, 세계관, 경험, 사고방식에 대해 의문을 품고 문제점은 없는지 점검해 보아야 한다. 자기전환은 당신이 기존에 당연하게 여겼던 생각에 대한 오류와 모순을 개선하고 진정한 정신적 성장을 돕는다.

» 3단계. 자기확신

자기확신이란 어떠한 상황에서도 자기 자신을 굳건하게 믿는 마음을 말한다. 자기확신은 높은 자존감을 바탕으로 자기권한과 자기결정권을 회복하도록 돕는다. 자기확신을 가진 사람은 스스로 중심을 잃지 않고 가장 최적의 의사결정을 내린다. 결코 자기 능력과 결정을 의심하고 후회하지 않는다. 자기 자신에 대한 확고한 믿음은 당신 안에 내재한 잠재의식의 힘을 강화한다.

» 4단계. 자기긍정예언

자기긍정예언은 자신의 장래를 밝고 긍정적으로 예언하는 것이다. 자기긍정예언은 불확실한 가능성으로만 존재하는 인생의 운과 기회를 현실로 끌어당긴다. 당신은 자기긍정예언을 통해 자신의 잠재의식에 긍정적인 방향성과 에너지를 심어줄 수 있다. 잠재의식의 믿음과 기대를 반영한 자기긍정예언은 당신의 현재의식을 거쳐 변화된 현실을 창조한다.

» 5단계. 자기통제력

자기통제력이란 눈앞의 작은 이득보다 더 큰 보상을 얻기 위해 자신의 본능과 욕망을 통제하는 능력을 말한다. 자기통제력이 뛰어난 사람들은 무의식에서 비롯된 일시적인 쾌락과 욕망을 기피하는 대신 지속적인 성취감과 만족감을 획득한다. 4단계 자기긍정예언의 완성도는 자기통제력에 의해 결정된다. 자기통제력은 자기긍정예언이 만든 운과 기회가 사라지지 않고 꾸준히 지속되도록 유지해 준다. 자기 스스로를 컨트롤하면서 긍정적인 삶의 궤도를 이탈하지 않도록 지지하기 때문이다.

» 6단계. 자기실현

자기실현이란 개인의 무의식 속에서 열망하는 근본적인 욕구를 실현하는 것이다. 쉽게 말해서 당신이 꿈꿔 왔던 이상적 자기의 모습으로 살아가는 삶을 말한다. 우리는 자신의 마음 속 깊숙한 곳에 억압되어 있던 욕구를 실현할 때 인생에 진정한 만족과 행복을 느낄 수 있다. 자기통제력이 무의식의 감각적 욕망을 통제하는 것이라면, 자기실현은 무의식의 정신적 욕망을 해방하는 것과 같다. 자기실현은 당신의 삶에 의미와 목적을 부여하는 인생비전을 실현함으로써 완성된다.

» 7단계. 자기초월

자기초월은 초의식의 정체성을 가진 사람으로 존재 자체로 완전한 초월자가 되는 것을 말한다. 초의식은 현재의식-잠재의식-무의식의 의식 차원을 하나로 흡수하고 통합한다. 초월자는 초의식의 차원에서 무한한 가능성과 잠재력을 실현하고 자기 한계를 초월한 참나(진짜 나)로 살아간다. 결과적으로 초월자는 세속적인 감정과 욕망, 불안, 집착과 같은 온갖 마음의 고통과 한계를 초월하여 완전한 정신적 자유를 얻는다.

어떠한가? 단계별 내용을 읽어보니 마음여행을 하는 장면이 그려지지 않는가? 7단계 자기초월의 법칙을 요약한 마음여행의 순서는 다음과 같다. 단계별 내용을 차례대로 살펴보면서 다시 한번 머릿속으로 상기시켜보자.

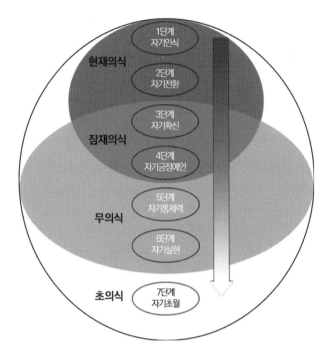

　(1단계. 자기인식) 뚜렷한 자기인식을 바탕으로 자기 자신이 어떤 사람인지 파악한다. (2단계. 자기전환) 자신이 가진 기존 관점에 의문을 품고 정체성을 구성하는 인생관과 세계관을 확장한다. (3단계. 자기확신) 새롭게 변화된 정체성으로 뚜렷한 자기확신을 얻는다. (4단계. 자기긍정예언) 낙관적으로 관측한 세계를 현실로 끌어당긴다. (5단계. 자기통제력) 무의식의 본능과 욕망을 통제하여 원하는 삶의 실현 가능성을 높인다. (6단계. 자기실현) 자기 삶에 의미와 만족을 전해주는 일을 하며 완전한 몰입의 즐거움을 맛본다. (7단계. 자기초월) 인

간, 본능, 운명, 정신이 가진 한계를 초월하여 존재 자체로 완전한 나 자신으로 살아간다.

당신 자신이 곧 해답이다

우리는 인생의 수많은 문제와 고민을 안고 살아간다. 그리고 이를 해결하고자 다양한 시도와 노력을 기울인다. 때로는 그 과정에서 자기 한계에 직면하고 좌절감이나 불안, 걱정, 괴로움의 감정을 느끼기도 한다.

"내가 누구인지, 앞으로 어떻게 살아야 할지 잘 모르겠어요."
"삶이 막막하고 뚜렷한 확신이 없어요."
"사는 게 너무 재미없고 무기력해요."
"내가 원하는 삶이 무엇인지 도무지 모르겠어요."
"열심히 사는 것 같은데 마음이 항상 불안하고 우울해요."

내가 라이프 코칭을 하면서 사람들에게 가장 많이 듣는 고민이다. 혹시 이 책을 읽고 있는 당신도 이러한 고민을 하고 있지 않은가? 우리는 인생에서 언제나 나만의 해답을 찾아야 한다. 인생에 크고 작은 문제와 고민이 발생했을 때 나만의 해답을 찾고 적용하지 못하면 불행이 되풀이된다.

수많은 사람이 상담·컨설팅·강의·책을 보고 들어도 삶에 큰 변화가 없는 이유는 무엇일까? 바로 남들이 알려준 방법과 테크닉을 무작정 따라 했기 때문이다. 영화 쿵푸팬더에서 주인공 포는 스승 시푸에게 다양한 쿵푸 기술을 습득한다. 그러나 포가 가진 잠재력을 발현하는 계기는 언제나 자신이 얻는 내적 깨달음이다. 시푸는 포에게 "나는 너에게 내가 되라고 말하는 게 아니다. 넌 그냥 너처럼 하면 된다."라고 말한다.

진정한 변화는 외부가 아닌 내부에서 일어난다. 우리는 각자의 인생에서 스스로 '나만의 해답'을 찾아야 한다. 삶에 관한 나만의 기준과 해답을 찾고 적용해나가는 것, 이것이 곧 모든 자기 관리와 자기 계발의 본질이다. 타인이 시키는 대로 끌려가는 삶을 살 것인가? 아니면 자신의 마음이 원하는 대로 이끄는 삶을 살 것인가? 이제 정답만을 강요하는 사회에서 진짜 나만의 정답이자 해답을 찾아보자. 나만의 해답을 찾기 위해서는 자기 자신에 대한 이해가 필수적이다.

《멋진 신세계》와 《영원의 철학》 저자 '올더스 헉슬리'는 인간이 가진 문제와 영적 성장에 관해 평생을 바쳐 연구하였다. 헉슬리는 모든 인간의 궁극적인 목표가 자신이 실제 어떤 사람인지를 찾아내는 일이라고 결론지었다. 이 세상에는 정말 흥미롭고 가치 있는 것들이 수없이 많이 존재한다. 그러나 이 세상 그 무엇도 '나'를 찾는 것보다 중요한 일은 없다. '삶'이란 여정에서 진짜 '나'를 찾는 일은 그 무엇보다 중요하다.

당신이 자신이라고 믿고 느끼는 존재 너머에 완전한 당신이 자리하고 있다. 인생에 정답은 없어도 해답은 있다. 당신 자신이 곧 해답이다. 이 책 역시 당신에게 완벽한 해답서가 아니다. 그저 당신의 내면 안에 가진 해답을 찾아가는 길잡이로 작용할 뿐이다. 우리는 모두 초의식을 갖고 있으며 각자가 하나의 소우주를 이룬다. 소우주가 모이면 다중우주가 된다. 즉 이 전체 우주는 본질적으로 나와 너의 구분 없이 하나로 이어져 있다. 이것이 곧 당신 자신이 해답인 이유다.

결국, 내면세계의 여행이란 참나를 깨닫고 참나와 하나 되는 경험이다. 나는 이 책을 읽는 독자들이 자신의 '참나'와 연결되어 존재 자체로 완전한 자신으로 살아가길 바란다. 무한한 초의식의 힘을 활용하는 본질적 자기Essential self를 자각하면 진정한 내면의 평화를 얻게 될 것이다.

초월자의 의식 차원은 긍정적인 마음을 확장하고 부정적인 마음은 축소한다. 초월자는 본래 자신의 내면세계에 존재하는 완전한 창의성, 에너지, 사랑, 행복, 평화 등의 풍요로움을 느끼며 살아간다. 반대로 긴장감, 걱정, 스트레스, 질투, 열등감, 혐오, 두려움, 슬픔, 우울, 분노 등에 영향받지 않는다. 초월자는 자기초월을 통해 완전한 정신적 자유를 얻는다.

나는 이 책에서 내가 직접 경험한 이야기를 바탕으로 한계 없는 나를 만나 완전한 정신적 자유를 얻는 길을 안내할 것이다. 이 책은 초의식의 무한한 힘과 지혜를 활용하는 방법을 심리학·교육학·뇌과학·물리학·철학·영성의 관점에서 체계적으로 이론화하였다. 《초월자》엔 내가 지난 20년간의 시행착오 끝에 체득한 내면의 지혜와 비결이 모두 담겨 있다. 이 책이 '완벽함이 아닌 완전함의 이야기'라고 말한 이유가 여기에 있다.

당신의 정체성이
당신의 현재의식을 지배한다.

자기인식

1 단계

자기인식은 자기초월의 1단계 법칙으로서 중요한 의의를 지닌다. 당신은 자기인식을 통해 당신의 현재의식이 생성되는 차원의 흐름을 이해할 수 있다. 자기인식이란 곧 자아 정체성을 파악하는 것이다. 자기인식을 통해 정체성을 찾으면, 당신이 현재 어떤 생각과 감정을 갖고 살아가는 사람인지 명확하게 인식하게 된다.

정체성은
어떻게 형성되는가

당신은 누구인가? 그리고 어떤 생각을 가지고 살아가는가? 이름, 나이, 직업, 학교 등을 제외하고 자신이 어떤 사람인지 설명할 수 있는가?

질문을 보고 순간적으로 멍해지고 선뜻 답변하기 어려웠을 것이다. 질문에 막힘없이 답변할 수 있다면 당신은 자기만의 정체성이 확고한 사람이다. 그렇지 않다면, 이번 장을 눈여겨 살펴보자.

바쁘게 돌아가는 현대사회에서는 자신의 정체성을 잃어버린 채 살아가기 쉽다. 가정에서는 부모의 요구와 기대에 부응해야 한다. 학교에서는 배우고 싶은 공부가 아닌 해야만 하는 공부를 해야 한다. 세상 밖으로 나가서는 사회가 요구하는 기준에 맞춰서 살아가야 한다. 직장에서는 직장상사와 고객이 원하는 니즈를 충족시켜야 한다.

현재 우리는 자기 상실의 시대를 살아가고 있다. 우리는 자신의 의지와 상관없이 다양한 사회적 역할을 부여받고 살아가는 존재다. 가정, 학교, 사회, 직장에서 서로 다른 역할을 수행하다보니 정작 '나'라는 인물이 어떤 정체성을 갖고 살아가는 사람인지 답을 내리기가 쉽지 않다. 특히 단체생활이나 회사생활처럼 특정 집단에 소속되어 오랜 기간 수동적이고 종속된 생활을 하다 보면 정체성을 상실하기 딱 좋은 환경이 구축된다.

정체성이란 어떻게 형성되고 결정되는 것일까? 사람들은 세상에 태어나 각자 자신에게 주어진 환경에 적응하며 인생을 살아간다. 어렸을 때부터 남부럽지 않게 화목하고 부유한 환경에서 자라는 사람도 있고, 가난과 생계 걱정에 허덕이며 힘겹게 살아가는 사람도 있다. 그러나 부자라고 해서, 가난하다고 해서 모두 행복하거나 불행한 것은 아니다. 집안이 부유하고 안정적이어도 부정적인 생각으로 가득 찬 사람도 있는 반면에, 집안이 가난하고 힘든 환경에서도 정신적으로 밝고 긍정적인 사람이 존재한다. 사람의 정체성과 인격은 이렇게 주어진 환경에서 어떻게 적응하고 판단하느냐에 따라서 형성된다.

인간은 가정환경 및 유전과 같은 선천적인 조건과, 경험 및 학습과 같은 후천적인 조건을 통해 자기 자신을 탐구하고 인식한다. 즉, 우리는 보편적으로 성인이 되기 이전에 자신이 어떤 사람인지 인식하게 되는데, 이를 자아 정체성Ego Identity이라 한다.

자아 정체성은 인생관과 세계관의 총합으로 이루어진다. 사람은 누구나 자신만의 인생을 살아가는 관점, 신념, 가치관, 철학이 존재하는데, 이는 곧 개인의 인생관이 된다. 한마디로 "나는 ○○○한 사람이다." 또는 "나는 ○○○이라고 생각해." 라는 문장에서 이 ○○○에 들어가는 모든 낱말이 개인의 인생관이 되는 것이다. 예를 들어, "나는 자기확신이 뚜렷한 사람이야.", "나는 사랑받기 힘든 사람이야.", "노력은 나를 배신하지 않는다고 생각해.", "나는 인생이 의미 없고 허무하다고 생각해."라는 식으로 규정할 수 있다.

인생관이 뚜렷해지면, 자신을 제외한 외부세상(사람, 사회, 사물, 문화, 집단 등)을 바라보는 관점인 세계관도 확립하게 된다. 세계관 역시 "내가 사는 세상은 ○○○이다."라는 문장에서 이 ○○○에 들어가는 낱말로 정의할 수 있다. 예를 들어, "세상일은 순리대로 돌아간다.", "우리나라는 헬조선이야.", "사회는 능력이 있어야 살아남는다." "사람들은 모두 가식적이다.", "과학기술의 발전은 인류를 파멸시킬 거야.", "흙수저는 벗어나기 힘들어."와 같이 관점을 나로 보냐, 아니면 세상으로 보느냐의 차이다.

정체성과 프레임의 상관관계

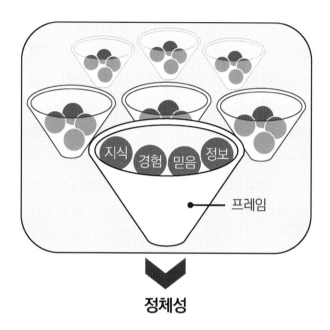

우리는 누구나 자신과 세상을 바라보는 일종의 프레임Frame 을 갖고 있다. 여기서 프레임이란 자기만의 관점이 반영된 인식의 틀을 말한다. 프레임은 우리의 생각과 감정, 행동, 판단에 막대한 영향을 미친다. 우리는 같은 대상과 사건에 대해서도 각자만의 프레임을 기준으로 상황을 해석하고 의미 부여를 한다. 특정한 주제에 관하여 우리의 지식, 경험, 믿음, 정보가 하나로 합쳐지면 하나의 프레임이 만들어진다. 그리고 다시 이

크고 작은 프레임들이 모여서 개인의 자아 정체성을 형성한다.

시사와 정치 분야에서는 프레임을 종종 언급한다. 예를 들어, "누구 님이 지금 ○○○프레임에 갇혀 있으니 다른 것을 이해하고 받아들이지 못하죠."라는 식의 말을 한다. 비단 정치인들뿐만이 아니다. 우리는 때때로 자신만의 프레임 안에 갇혀서 아둔한 생각을 하거나 옳고 그름을 명확하게 판단하지 못할 때가 있다.

이처럼 프레임이란 어떤 사상이나 관념에 대해서 자기 스스로 정해놓은 일종의 바운더리(경계선)다. 당신이 이쪽이나 저쪽 또는 그 어딘가에 경계선을 치는지에 의해 당신의 정체성이 정해진다. 말하자면, 어떤 형태의 '프레임 펜'으로 어느 범위의 '선 긋기'를 하느냐에 따라 당신의 인생이 완전히 달라질 수 있다. 결국 인생이란 자신이 쳐놓은 경계선 안에서 노는 게임이기 때문이다.

정체성 파악의 도구

당신과 나, 그리고 우리는 모두 각자 고유한 정체성과 기질을 갖고 있다. 정체성을 파악하기 위해서는 자기인식이라는 도구가 필요하다. 자기인식이란 자신의 성격, 취향, 신념, 가치관 등을 자세히 파악하여 자기 자신이 어떤 사람인지 분명하게 인식하는 것이다.

자기인식은 내적 자기인식과 외적 자기인식으로 구분된다. 내적 자기인식은 앞서 언급한 일반적인 자기인식의 개념과 동일하며 정체성을 파악하는 과정을 뜻한다. 반대로 외적 자기인식은 남이 나를 어떻게 보는지 이해하는 것이다. 외적 자기인식은 감성지능Emotional Intelligence, EI을 키운다. 감성지능은 자신과 타인의 감정을 인식하고 조율하는 능력을 말한다.

감성지능이 뛰어난 사람들은 타인이 자신을 어떻게 인식하는지 쉽게 파악한다. 그들은 또한 타인의 감정을 공유하고 배려하는 공감지능이 발달한 경우가 많다. 인지심리학자들은 공감지능이 높은 사람이 인간관계뿐만 아니라 직업적으로도 탁월한 능력과 성과를 창출한다는 것을 밝혀냈다.

자기인식
사이클

자기인식은 자기인식 사이클을 통해 이뤄진다. 자기인식 사이클이란 곧 현재의식의 흐름을 이해하는 것과 같다. 당신의 현재의식은 자기인식 사이클을 통해서 지속적으로 생성되거나 소멸한다. 자기인식 사이클은 그림과 같이 '①정체성⇒ ②직관⇒ ③자기성찰⇒ ④행동⇒ ①정체성'의 순서로 진행되며 재순환된다.

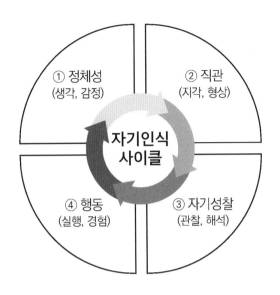

순서	영역	주기능	정의
①	정체성	생각, 감정	정체성은 인생관+세계관을 통해 형성
②	직관	지각, 형상	생각(감정)에 관한 느낌이나 이미지를 떠올림
③	자기성찰	관찰, 해석	지각된 느낌과 이미지를 관찰하고 해석
④	행동	실행, 경험	해석한 결과를 실행에 옮김

자기인식 사이클에 대한 사례를 살펴보면 보다 이해가 수월할 것이다.

<사례 1>

영숙은 연인인 영철과 행복한 연애를 하고 있다. 그러나 영숙은 영철과 결혼할 생각이 없다. 영숙은 비혼주의자의 정체성을 갖고 있기 때문이다(**정체성**). 그러던 어느 날 영숙은 영철로부터 프러포즈를 받았는데, 단호하게 거절했다. 영숙은 영철을 사랑하지만, 연애와 결혼은 별개의 문제라고 생각하는 탓이다. 영숙은 결혼에 대해 아무리 긍정적으로 생각해보려고 해도 부정적인 이미지만 떠오를 뿐이다(**직관**). 결혼으로 인한 경제적인 부담감과 책임감을 짊어지는 게 두렵다. 영숙의 부모님 또한 비슷한 문제로 이혼했기에 자기 삶도 결혼 후 불행해질 것으로 판단한다(**자기성찰**). 결국 영숙은 헤어질 결심을 하고 영철에게 이별을 통보한다(**행동**).

<사례 2>

광수는 남들이 부러워할 만한 대기업에 다니고 있다. 광수의 직장은 연봉, 워라밸, 복지, 뭐 하나 모자란 것이 없다. 광수는 사회에서 자기 능력을 인정받고 높은 자리에 오르는 것이 진정 성공한 삶이라고 생각한다(**정체성**). 광수는 회사에서 많은 업적을 달성한다. 그러나 대부분 공은 상사가 가져가고 그에

합당한 대우를 받지 못한다. 주변 동료를 또한 경쟁심을 갖고 시기 질투를 일삼는다. 광수는 직장생활이 불만족스럽다. 직장생활을 계속할 경우 좀처럼 행복한 모습이 그려지지 않는다(**직관**). 광수는 더 이상 회사에 다녀야 하는 이유를 찾지 못한다. 회사를 벗어나 많은 사람에게 인정받는 일을 하는 게 옳다고 생각한다(**자기성찰**). 결국 광수는 퇴사를 결심하고 사표를 제출한다(**행동**).

자기인식 사이클의 흐름을 살펴보면 개인의 정체성이 형성되고 정착하는 과정을 파악할 수 있다. 정체성은 개인의 생각과 감정, 판단, 행동에 막대한 영향을 끼친다. 게다가 정체성은 한번 형성되면 좀처럼 변하지 않는 특징을 갖고 있다. 특정한 정체성이 형성되기까지 막대한 시간과 경험, 생각이 누적되고 투영되기 때문이다.

자기인식 사이클은 인생에 있어 결정적인 사건이나 깨달음을 겪기까지 지속적으로 순환하며 정체성을 강화한다. 그러니 잊지 말자. 당신의 정체성이 당신의 현재의식을 지배한다는 사실을 말이다.

자기성찰

자기인식 사이클의 핵심 엔진이자 주동력은 결국 자기성찰이다. 자기성찰 과정의 해석과 판단에 따라 우리의 행동이 결정되기 때문이다. 자기성찰은 정체성이 빚어낸 생각과 감정에 대한 이미지를 깊이 들여다보고 의미를 부여하는 것이다. 즉 자기성찰은 자기 내면과의 대화 과정으로 설명할 수 있다. 자신이 어떤 사람인지, 왜 이런 생각을 하고 있는지. 무엇을 해야 하는지 스스로 묻는 것이다. 해답을 찾기 위해서는 자기 자신에게 묻고 묻고 또 물어야 한다.

'No pain, No gain' 고통 없이는 얻는 것도 없다. 사람은 시련이나 고통을 겪을 때 자기성찰이 자연스럽게 진행된다. 또한 위기와 시련을 극복할수록 한 차원 더 높은 레벨로 성장한다. 나는 내 인생에서 가장 고통스럽고 절망적인 순간에 자기 성찰의 힘을 경험하였다.

학창시절의 나는 삶의 모든 것들을 비관적으로 받아들이는 정체성을 갖고 있었다. 우리 집은 부잣집에서 가난한 집으로 전락했고, 나는 뒤바뀐 환경에 쉽사리 적응하지 못했다. 내 의식은 여전히 잘 살고 화려했던 과거의 추억과 향수에만 머물러 있었다. 마음의 문을 닫으니 친구들과 잘 교류하지 못했고 외로움이 밀려왔다. 덩달아 학교성적 역시 바닥을 쳤고 갈수록 자신감과 자존감이 하락했다.

당시의 나는 내 암울한 현실의 원인을 모두 남의 탓이나 환경 탓, 세상 탓으로만 돌렸다. 현실과 이상의 차이에서 오는 괴리감과 상실감은 늘 나를 괴롭혔다. 시간이 흐를수록 부정적인 정체성은 점차 강화되었고 범불안장애라는 병까지 얻게 되었다. 범불안장애는 특별한 원인이 없이 막연하게 불안과 걱정을 느끼는 정신병이다. 이 병은 좀처럼 나아질 기미가 보이지 않았다. 계속해서 나를 육체적·정신적으로 무기력하고 피폐하게 만들었다.

부정적인 마음은 완전히 나를 지배하였고 무엇하나 제대로 할 수 없는 지경에 이르렀다. 삶에 아무런 의욕이 생기지 않았다. 마음의 병이 생기니 좀처럼 잠을 청하지 못했고 불면증에 시달렸다. 온갖 번뇌와 망상이 나를 괴롭혀 거의 6개월 동안 잠을 단 한숨도 제대로 자지 못했다. 처음 겪는 불면증은 정말 고통스러웠다. 평범했던 일상은 모두 망가져 버렸고 기본적인 일상생활조차 할 수 없는 지경에 이르렀다.

병이 갈수록 심각해지자 부모님은 나를 대학병원 정신과로 데려갔다. 정신과 전문의와 상담한 후 약물 치료를 받았지만, 효과는 일시적이었다. 정신과 치료는 마음의 병을 고치는 근본적인 해결책이 되지 못했다. 나는 이 고통받는 삶을 스스로 끊어내고 싶었다. 하지만 상황을 벗어나려고 발버둥 칠수록 더욱더 깊은 늪에 빠질 뿐이었다.

'왜 하필 이런 병이 생긴 걸까? 내 삶은 너무 형편없어. 예전엔 집도 잘 살고 공부도 잘하고 성격도 밝았는데, 지금은 왜 모든 것이 고장 나버린 걸까? 무엇 하나 잘하는 것도 없고, 자신감도 바닥이고 학교 성적도 엉망이잖아. 과거로 돌아가서 모든 걸 다 바꾸고 싶어. 하지만 불가능하잖아. 어차피 이래도 저래도 난 패배자야. 우리 집이 가난하지 않았다면... 내가 더 열심히 살았다면... 인생이 이렇게 망가지진 않았을 텐데. 앞으로 어떻게 살아야 하지? 이대로 살아가야 한다면 너무 불행해. 인생에 아무런 의미와 희망이 보이지 않아.'

내 생각은 항상 이미 지나간 과거와 다가오지 않은 미래에 얽매여 있었다. 과거와 미래에 대한 부정적인 생각과 집착이 꼬리에 꼬리를 물었다. 머리가 종일 욱신거리고 아팠다. 때때로 이 고통을 끝내기 위해 생을 마감하고 싶은 충동이 일어났다. 하지만 내겐 그럴 용기조차 남아 있지 않았다.

그러던 어느 날, 내 삶을 획기적으로 전환한 인생 책을 접하게 되었다. 그 책의 제목은 바로 '에크하르트 톨레'의 《지금 이 순간을 살아라》이다. 이 책은 내게 깊은 내적 깨달음과 울림을 주었다. 책을 읽은 후 나는 머릿속에서 다음과 같은 말을 끝없이 되뇌었다.

'과거와 미래에 집착하지 말자. 과거는 이미 지나간 시간이고, 미래는 아직 오지 않은 시간이다. 따라서 내 삶은 오직 이 순간에만 존재한다. 시간의 연속선상에서 지금 이 순간 내가 하는 생각과 행동은 이미 지나간 과거가 된다. 그리고 지금의 생각과 행동에 따른 결과물은 곧 미래가 된다.'

나는 이 간단명료한 진리를 깨닫고 삶에 적용하였다. 그동안 지나간 과거에 집착하고 다가오지 않은 미래를 걱정하며 살아왔던 나였다. 하지만 책을 읽은 후 과거와 미래가 아닌 현재의 내 생각에 집중하는 노력을 기울였다. 즉, 나는 현재의식에 집중하며 지금의 내가 무슨 생각을 하는지, 그리고 왜 그런 생각을 하는지 진지하게 성찰하였다. 물론 그 순간에도 현재의식의 흐름은 내 의지와 상관없이 과거와 미래에 관한 생각을 오갔다. 오히려 그럴수록 더욱더 깊이 내 의식을 관찰하였다. 나는 내 생각의 원천을 밝히고 지금의 내가 어떤 사람인지 이해하고 싶었다.

그러나 자기성찰의 과정은 전혀 순탄치 않았다. 때때로 불현듯 올라오는 불편한 감정과 기억, 걱정, 불안 따위에 직면해야 했기 때문이다. 한번 떠오른 부정적인 감정의 이미지들은 좀처럼 사라지지 않았다. 나는 내가 가진 정체성이 싫었다. 자기혐오와 자기불신과 같은 마음은 내 불안정한 정신과 육체를 다시 지배하려 들었다. 다시 멘탈을 부여잡고 감정을 억누르며 맞서 싸웠으나 효과가 없었다. 하지만 나는 내 감정을 컨트롤하는 방법을 찾기 위해 고군분투하였고 마침내 솔루션을 찾았다. 결과는 기대 이상이었다. 내가 찾은 해결책은 바로 자기사랑과 자기자비의 마음이었다.

자기사랑의 단짝
자기자비

자기성찰을 하다 보면 자신의 불편한 생각이나 감정에 직면하게 된다. 이 부정적인 감정을 정화하기 위해서는 자기사랑의 마음가짐이 필요하다. 자기사랑은 내면에 존재하는 나 자신을 사랑하는 마음이다. 다시 말해서, 나의 생각과 감정, 느낌, 성격, 판단 등 현재의식에서 발생하는 모든 것들을 사랑하고 보살피는 마음을 갖는 것이다.

자기를 사랑하는 사람은 아우라가 남다르다. 왜 그럴까? 자기를 사랑하는 사람은 이미 자기 내면 안에 사랑의 에너지가 꽉 차서 흘러넘치는 까닭이다. 사랑의 에너지는 사람의 기운을 밝고 긍정적으로 변화시키고 주변에까지 그 영향력을 전파한다.

한편 자기사랑과 떼려야 뗄 수 없는 관계가 있다. 바로 자기사랑의 단짝 자기자비다. 자기자비는 자기사랑과 무슨 차이가 있을까? 자기자비란 지금 있는 그대로의 내 모습을 수용하고 인정하는 것이다. 자기자비를 실천하면 자기비하와 자기혐오를 멈추고 자신에 대한 자비와 관용을 베풀 수 있다. 자신에게 너그럽지 못하면 분노, 걱정, 두려움, 불안과 같은 부정적인 감정에 지적으로 휘둘리게 된다. 자기자비는 이러한 부정적인 감정을 수용하고 비우도록 도움을 준다.

우리는 때때로 실패에 대한 두려움, 남보다 뒤처지는 느낌, 반드시 뭘 해야 한다는 불편한 강박증, 누구를 만족시켜야 한다는 부정적인 생각과 감정에 시달린다. 이렇게 불편한 현재의식을 효과적으로 누그러뜨리는 방법은 자기사랑과 자기자비의 마음가짐을 갖는 것이다. 비록 현재의 삶이 고달프고 힘들지라도 자기사랑과 자기자비의 마음을 갖는다면 자신을 이해하고 받아들이는 힘이 생긴다. 그런데도 오늘날 많은 사람이 자기혐오와 자기비하, 자기불신을 일삼고 있다. 왜 그럴까? 삶이 막막해서, 이상과 현실의 갭이 커서, 남과 자꾸 비교해서…. 등등 다양한 이유가 존재한다.

자기사랑과 자기자비는 불안함을 일으키는 대상이 아닌, 자기 생각인 현재의식에 집중하면서 내면과의 성찰적인 대화를 이끌어낸다. 나는 자기성찰을 하는 동안 자기사랑과 자기자비의 마음으로 불안함을 일으키는 생각과 감정을 들여다보았다.

처음엔 이 불편함과 마주 보는 것이 쉽지 않았다. 하지만 자기사랑과 자기자비의 마음으로 나 자신을 있는 그대로 받아들이고 사랑해 주었다. 마치 어린아이를 타이르듯이 나 스스로 과거의 실수와 잘못을 용서하며 어둡고 불편한 마음을 어루만져주었다. 나는 내게 수시로 말을 거는 내면의 목소리에 귀 기울이며 대화를 시도했다.

'감정아. 너 지금 매우 속상하구나! 뭐 때문에 그런 건지 내게 알려줄 수 있어? 내가 너의 감정을 누그러뜨려 줄게. 얘기를 해봐. 그래. 네가 기대했던 만큼 좋은 결과가 나오지 않았구나. 괜찮아. 네가 최선을 다해서 한 거면 그거로 충분하니깐 결과에 너무 신경 쓰지 말자.'

'생각아. 왜 이렇게 부정적인 생각을 반복하니? 지난번에 중요한 일을 그르쳐서 그랬구나. 걱정하지 마. 그럴 수도 있지. 네 잘못이 아니야. 이미 지나간 과거에 집착할 필요 없어. 현재에 집중하고 즐기면서 살아보자.'

'내 감정아, 생각아! 나랑 대화해줘서 정말 고마워. 우리 앞으로도 이렇게 공유하고 함께 해결해 보자.'

대화는 성공적이었다. 나는 자기사랑과 자기자비를 통해 불안한 감정을 한껏 누그러뜨릴 수 있었다. 또한 그동안 지독

하게 나를 괴롭혀온 부정적인 생각과 감정으로부터도 벗어나
게 되었다. 그러자 불면증과 불안장애 또한 자연스럽게 사라
졌고 정상적인 삶을 회복할 수 있었다.

이처럼 자기사랑과 자기자비는 자기 내면과의 성찰적인 대
화를 통해 부정적인 정체성을 긍정적으로 승화시킨다. 누구나
이 방법으로 부정적인 생각과 감정을 다스릴 수 있다. 다음과
같이 당신의 일상에서 자기사랑과 자기자비를 실천하는 연습
을 해보자.

정체성: 너는 사랑 받을 자격이 없는 사람이잖아. 누굴 만나도
　　　 끝내 버림받고 말 거야. 늘 그래왔잖아. 너의 마음과
　　　 가치를 진심으로 알아주는 사람은 없어. 그러니 앞으
　　　 로 연애 자체를 하지 말자.

나사랑: 맞아. 나 그런 사람이야. 그렇게 살았었지. 그땐 너무
　　　 어려서 상대방의 마음을 이해 못 했고 어리석은 실수
　　　 를 하고 말았어. 그래도 난 주어진 상황에서 최선을
　　　 다했고 미련을 갖지 않아. 정체성아 우리 이제 새롭게
　　　 다시 태어나 보자. 내가 좋은 사람이라면, 언젠가 내
　　　 가치를 알아보는 좋은 사람이 나타날 거야.

받는 사랑과 주는 사랑

심리학자 에리히 프롬은, 그의 저서 《사랑의 기술》에서, 대부분의 사람은 사랑의 의미를 떠올릴 때 '사랑하는' 것보다 '사랑받는' 것을 더 중요하게 여긴다고 말한 바 있다. 그렇다. 대부분의 사람은 사랑을 '주는 것'보다 '받는 것'에 더 관심과 초점을 둔다. 이를테면 어떻게 해야 더 사랑받을 수 있는지, 어떻게 하면 사랑스러워질 수 있는지에 관심을 갖는다.

전통적으로 남성은 사회적 지위를 높이고 부와 권력을 장악해서 사랑을 쟁취하고자 하였다. 여성은 외모와 매력을 가꿔나가면서 사랑받기 위한 준비와 노력을 기울였다. 이러한 기류는 현대에 이르러서도 크게 달라지지 않았다. 남자는 능력, 여자는 외모가 경쟁력을 좌우한다는 말은 사람들 사이에서 여전히 공감하며 오고 가는 이야기이다. 지금도 수많은 사람이 사랑받기 위해서 혹은 사랑받는 사람이 되기 위해서 다양한 노력을 기울인다. 그러나 우리는 사랑에 대한 관점의 전환이 필요하다. '사랑을 받는 것'보다 '사랑을 주는 것'의 의미와 가치를 알아야 한다. '주는 사랑'을 선행한다면 '받는 사랑' 또한 자연스럽게 이뤄지기 때문이다.

남에게 먼저 '주는 사랑'은 뭔가 어렵게 느껴진다. 그러니 그 사랑을 먼저 나에게 줘보자. 나를 있는 그대로 받아들이지 못하면 결핍감을 느끼게 되고 타인으로부터 사랑을 갈망하게 된다. 내가 나를 사랑하지 않는데, 남들이 먼저 나를 좋아하고 사랑해주길 바라는 마음은 욕심으로 작용한다.

자신을 온전히 사랑하면 자존감이 향상되고 마음이 풍요로 위진다. 자기사랑이 충만한 사람들은 타인에게 받는 것 이상으로 사랑을 나누고 베풀게 된다. 그들은 언제나 자신이 가진 사랑의 에너지를 기꺼이 나눠줄 여유와 인자함을 갖고 있다. 남을 아끼고 배려하는 마음과 이타심의 시작점은 곧 자기사랑이다. 자기사랑을 실천하면 외로움이 아닌 이로움을 얻는다.

그동안 '받는 사랑'만을 원하고 '주는 사랑'에 인색했던 당신이라면, 이제라도 먼저 베풀고 나눠주는 사랑을 실천해 보자. 우선, 자기사랑과 자기자비를 통해 다른 누구도 아닌 자기자신을 먼저 사랑하고 아끼는 마음을 가져보자. 그럼 어느새 그 사랑의 에너지는 점점 증폭되어 당신의 주변에까지 영향을 끼칠 것이다. 내 사랑을 꽉 채우고 넘치는 사랑을 다시 나눠주자. 받는 사랑이 아닌 주는 사랑을 해보자.

코칭 플러스 셀프코칭

셀프코칭은 자기성찰적인 질문을 통해 나 자신과의 대화와 탐구를 촉진하는 기술이다. 셀프코칭은 나에게 스스로 질문을 던지고 해답을 찾는 과정을 반복하며 자기인식과 문제해결력을 키운다. 자기인식을 돕는 열 가지 셀프코칭 질문에 관해 스스로 답을 찾아 기재해보자.

① 나에게 가장 집중할 수 있는 시간에 나는 무엇을 하는가?

② 남들에게 가장 듣고 싶은 말은 무엇인가?

③ 돌이켜 봤을 때 어제보다, 혹은 과거보다 어떤 점들이 더 나아지고 좋아졌는가?

④ 영원히 지속됐으면 하는 가장 행복한 꿈을 상상해 보자. 무엇이 보이는가?

⑤ 실패 없이 마음먹은 대로 뭐든 다할 수 있다면 가장 하고 싶은 것은 무
  엇인가?

⑥ 나는 다른 사람들에게 어떤 존재로 기억되고 싶은가?

⑦ 나의 과거에서 무엇인가 바꿀 수 있다면, 무엇을 바꿀 것인가?

⑧ 내가 원하지 않는데 갖고 있는 것, 원하는데 갖고 있지 못한 것은 무엇
  인가?

⑨ 내 정체성에 영향력을 미친 사건과 인물을 떠올려 보자. 무엇이 보이는가?

⑩ 이름, 나이, 학교, 직업을 제외하고 스스로 정의한 나는 어떤 사람인가?

이 세상에 당연하고 절대적인 생각이란 없다.
생각은 언제나 유동적이고 상대적이다.
당신이 당연하게 생각하던 것을 당연하게
받아들이지 않을 때 자기전환이 일어난다.

2 단계 자기전환

사람의 정체성은 웬만해선 좀처럼 변하지 않고 자신의 현재의식에 지속적인 영향을 미친다. 이에 우리는 자신의 정체성에 오류와 모순이 없는지 점검할 필요가 있다. 자기전환이란 기존의 정체성이 가진 오류를 개선하여 새로운 자아로 재탄생하는 과정이다.

자기전환의
원리

1단계에서 알아보았듯이, 인간의 정체성은 각자 자신이 가진 지식, 경험, 믿음, 정보에 기반하여 형성된다. 즉, 우리는 자기만의 정체성을 바탕으로 세상을 인식하고 해석하는 틀을 가지고 있다. 우리는 이렇게 형성된 인식의 틀Frame of references을 웬만해선 좀처럼 바꾸려고 하지 않는다.

인간은 본능적으로 자아 정체성을 지키기 위해 변화를 싫어하고 익숙한 것을 고수하는 특성이 있다. 정체성을 바꾼다는 것은 자아를 형성하는 일종의 관념체계(특정 사물이나 현상에 관한 생각이나 견해가 결합된 체계)를 부정하는 것으로 여기는 까닭이다.

우리는 저마다 자신이 옳다고 여기는 생각을 기반으로 인생을 살아간다. 그래서 자신의 관념체계가 무너지는 특별한 상황이나 사건이 발생하지 않는 이상 현상을 유지하려고 한다. 지금까지 자기 정체성과 신념대로 살았어도 인생을 살아가는 데 큰 문제가 없었기 때문이다.

특히 자의식과 자기합리화와 같은 방어기제는 우리의 관념체계에 아무런 문제가 없다는 결론을 내려버린다. 이에 우리는 누군가 우리가 지닌 정체성을 부정하거나 반박하면 적대적으로 돌변하곤 한다. 그러나 이러한 생각과 행동은 자기만의 프레임 안에 갇혀서, 자신이 보고 듣고 아는 것만이 진실이라고 믿는 편협한 사고방식(고정관념, 선입관, 편견)을 초래한다.

사람들은 자신이 무엇을 믿고 무엇을 아는지 관심과 신경을 쓴다. 반면에 자신이 그것을 왜 믿고 어떻게 아는지 관심을 가지는 이는 극소수다. 한마디로, 자신이 가진 사고방식에 대해 좀처럼 관심과 의문을 품지 않는다. 자신의 관점에 스스로 문제를 제기하거나 사고방식의 오류를 발견하고 수정하는 사람들은 극히 드물다. 이렇게 무비판적으로 형성된 자아 정체성은 개인 내면의 성장을 가로막고, 타인과의 불화와 갈등을 유발한다.

우리는 자신이 가진 정체성에 대해 오류와 모순이 없는지 점검하는 자세가 필요하다. 스마트폰은 운영체제를 최신 버전으로 업데이트함으로써 기존 시스템의 오류와 버그를 수정한다. 우리는 스마트폰 소프트웨어의 업데이트를 통해서 기존과 다른 새로운 기능을 학습하고 사용한다.

우리가 지닌 정체성도 이와 마찬가지로 주기적인 업데이트가 필요하다. 정체성 업데이트를 하지 않는다면, 지금 당장은 불편함이 없더라도 언제 어디서든 문제점이 발생할 수 있다. 따라서 우리는 기존에 정체성이 가진 오류를 수정·보완하여 가장 최신 버전으로 업데이트해야 한다. 나는 이러한 일련의 행위를 '자기전환'으로 부른다.

자기전환이란 기존의 정체성이 가진 모순과 왜곡된 관점을 전환하여 새로운 정체성을 만드는 것이다. 당신은 자기전환을 통해 자신의 사고구조를 확장하는 긍정적인 변화를 꾀할 수 있다. 앞서 우리는 1단계 자기인식의 단계에서 정체성 프레임의 개념에 대해 알아보았다. 자기전환은 이전의 정체성이 가진 프레임을 벗어나, 새롭게 변형되고 확장된 프레임을 장착하는 것과 같다. 자기전환으로 확장된 프레임은 사고의 넓이와 깊이를 증가시킨다. 자기전환의 원리와 절차는 다음과 같다.

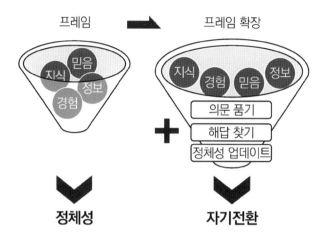

» 의문 품기

자아 정체성을 형성하고 있는 지식, 신념, 가치관에 의문을 품고 문제점이 없는지 살펴본다.

» 해답 찾기

자기성찰 과정으로 정체성 버그를 개선하는 해답을 찾는다.

» 정체성 업데이트

기존의 정체성이 가진 버그를 수정하고 업데이트하여 새로운 정체성으로 전환한다.

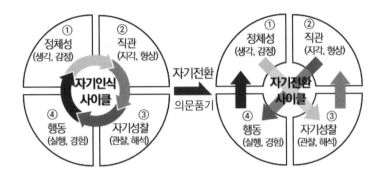

　자기전환된 정체성은 정해진 패턴을 따르지 않는다. 위의
그림에서 보듯이 기본적인 자기인식 사이클은 ①정체성⇒ ②
직관⇒ ③자기성찰⇒ ④행동⇒ ①정체성의 순서로 진행된다.
그러나 의문 품기로 시작한 자기전환 사이클은 ①정체성⇒ ③
자기성찰⇒ ②직관⇒ ④행동⇒ ①정체성의 순서로 진행된다.
이렇게 자기전환된 정체성은 다시 새로운 버전으로 업데이트
하기 전까지 계속 유지된다.

　앞서 자기인식 단계에서 본 영숙과 광수의 사례가 기억나
는가? 자기전환으로 변화된 영숙과 광수의 스토리는 다음과
같은 흐름으로 이어진다.

〈사례 1〉

영숙은 비혼주의자의 정체성을 가진 사람이다. 어느 날 영숙은 연인인 영철로부터 프러포즈를 받았지만, 대답을 회피했다**(정체성)**. 영숙은 자신이 왜 결혼을 꺼리는지 다시 한번 생각해보는 시간을 가졌다. 영숙은 이혼에 대한 두려운 마음이 있었다. 그러나 영숙은 '나의 두려움 때문에 사랑하는 사람과 함께하지 못하는 게 맞는 걸까?'라는 의문을 가졌다**(의문 품기)**. 생각해보니 그동안 자신과 부모님의 인생은 별개였다. 영숙은 부모님이 행했던 잘못된 방식을 답습하지 않으려고 부단히 노력해왔다. 오히려 자신은 부모와 달리 행복한 가정을 꾸릴 수 있다는 걸 보여주고 싶었다**(자기성찰)**. 영숙은 결혼 후 걱정되는 문제에 대해서 영철과 진지한 대화를 나눴다. 이후 집안 살림에 대한 역할 분담을 비롯해, 가계 수입과 지출 관리, 부부싸움과 갈등 관리 등에 관한 규칙을 만들고 준수하기로 합의하였다**(해답 찾기)**. 영숙은 이제 결혼에 대한 확신이 생겼다. 영숙은 영철과 행복한 가정을 꾸려나가는 모습을 떠올렸다**(직관)**. 결국 영숙은 영철의 프러포즈를 받아들였고 결혼 후 달콤한 신혼생활을 시작했다**(행동)**. 영숙은 이제 주변 사람들에게 결혼을 적극 권장하는 결혼 전도사를 자처하며 살아가는 중이다**(정체성 업데이트)**.

<사례 2>

광수는 사회에서 능력을 인정받고 높은 자리에 오르는 게 진정한 성공이라고 생각한다(**정체성**). 그러나 광수는 회사에서 자기 능력과 성과에 걸맞은 대우를 받지 못했다. 주변 동료를 또한 경쟁심을 갖고 시기 질투를 일삼았다. 광수는 회사생활이 불만족스러워 퇴사를 진지하게 고민하였다. 어느 날 문득 광수는 '인정'의 의미를 다시 생각해보았다. 이후 '꼭 모든 사람에게 인정받고 존중받아야 할 필요가 있을까?'라는 의문이 들었다(**의문 품기**). 생각해보니 사람들이 인정하지 않는다고 해서 자신이 이룬 업적이 사라지는 것은 아니었다. 또한 회사 밖에는 자기 능력을 믿어주고 진심 어린 칭찬을 아끼지 않는 사람들이 있었다. 광수는 회사에서 타인의 인정을 바라기보다 자신이 얻을 수 있는 가치에 집중하는 게 더 바람직하다는 생각이 들었다(**자기성찰**). 그 후로 광수는 승진 업적이 아닌, 자기 커리어에 도움 되는 포트폴리오를 쌓아나갔다(**해답 찾기**). 광수는 회사생활에서 조금씩 만족감과 성취감을 느끼기 시작했다. 점점 회사에서 하는 일 자체가 좋다는 느낌이 들었다(**직관**). 광수는 회사생활에 동기부여를 잃은 후배들에게 자신만의 노하우를 알려주었다(**행동**). 그러자 광수를 믿고 따르는 후배들이 자연스럽게 늘어났다. 광수는 이제 더 이상 타인에게 능력을 인정받는 것에 관심이 없었다. 자기 일을 스스로 가치 있게 여기고 사랑하는 것이 진정한 성공이라는 생각을 갖게 되었기 때문이다(**정체성 업데이트**).

자기전환은 지식이 아닌 지혜를 키운다

나는 의문 품기와 해답 찾기를 통해 정체성의 오류와 결함을 수정하고 인생을 업그레이드하였다. 업그레이드된 정체성은 이전보다 더 나은 삶을 살아갈 수 있는 내면으로부터의 변화를 불러왔다. 다시 말해, 자기전환은 내게 정신적 성장을 가져왔다. 정신적 성장은 나의 의식 수준과 차원이 한 단계 더 올라가는 내적 성장을 의미한다. 정신적 성장은 내 삶을 한층 더 풍요롭고 윤택하게 만들었다.

자기전환은 일종의 마음 운동과도 같다. 기존에 취약하고 미숙했던 정신 근력을 강화하고 성장하도록 만든다. 이 과정은 결국 삶의 지혜를 탄생시킨다. 진정한 내적 성장은 지식이 아닌 지혜를 키우는 데서 온다.

지식은 정해진 인식(뇌용량)의 틀(프레임)에 정보만을 채우는 행위와 같다. 반면에 지혜는 기존 인식의 틀을 확장하고 전환하는 것에서 비롯된다. 다시 말해서, 지혜는 단순히 정보의 양을 늘리는 것이 아니라, 기존의 지식을 재가공하고 새로운 의미를 부여하는 것이다. 지혜는 기존 관점과 다른 새로운 시각으로 정보를 바라보고 재해석함으로써 생성된다.

지식의 축적도 중요하지만, 지혜의 함양은 더욱 중요하다. 유대인들은 지식이 아닌 지혜를 가르쳤다고 한다. 진정한 내적 성장은 단순히 지식의 양을 늘리는 데서 오지 않는다. 생각해보자. 당신의 뇌에 쓸데없이 불필요한 정보와 지식만 가득 찬다면 해석과 판단의 오류를 범하고 말 것이다. 알맹이가 빠진 지식만으로는 본질적인 문제해결력을 키울 수 없다.

인간은 자신이 옳다고 믿는 사실에 들어맞는 정보만 찾는 경향이 있다. 자신의 정체성에 기반한 믿음과 예측이 틀리지 않았음을 증명하고 싶기 때문이다. 그러나 거꾸로 자신이 믿어온 신념과 가정에 반하는 케이스를 찾는다면, 진정한 자기전환을 통한 의식확장이 이뤄진다.

내 스스로 만든 틀을 깨부숴야 자기 한계를 뛰어넘는 초월자로 거듭날 수 있다. 자기만의 편협한 프레임에 갇히지 말고, 프레임을 깨고 나와야 한다. 보다 넓은 관점으로 세상을 바라볼 때 진정한 내적 성장을 통한 지혜가 길러진다. 정체된 자아는 결국 도태되고 만다. 이 세상에 당연하고 절대적인 생각이란 없다. 생각은 언제나 유동적이고 상대적이다. 이제 당신도 지식을 늘리기보다는 사고의 확장을 가져오는 지혜를 키워보자. 폭넓은 지식보다는 폭 깊은 지혜가 당신의 삶을 더욱 풍요롭게 만드는 열쇠로 작용할 테니 말이다.

전환학습

자기전환이 이뤄지는 이론적 근거는 전환학습에서 찾아볼

수 있다. 자기전환의 작동원리는 전환학습의 원리와 일맥상통한다. 전환학습은 미국의 사회과학자 메지로우Mezirow, J.가 제시한 인간의 학습이론이다. 메지로우는 전환학습을 통해 우리가 가진 준거 틀(관점과 사고 습관)에 근본적인 변화가 일어난다고 밝혔다.

전환학습은 뇌의 초인지 기능을 활용해 기존의 내가 가진 관점의 변화를 불러온다. 초인지란 곧 메타인지를 뜻하며, 자신이 가진 능력과 한계를 명확히 판단하는 고차원적인 인지 기술이다. 메타인지 능력을 키우면 자신이 아는 것과 모르는 것을 정확하게 인지하게 된다. 전환학습은 다음과 같은 순서로 진행된다.

① 살면서 이해하기 힘든 혼란스러운 딜레마에 직면한다.
② 자신이 믿어온 신념과 가정에 문제를 제기하고 검증해나가는 비판적 성찰 과정을 거친다.
③ 타인과의 담론을 통해 딜레마를 해결하는 대안과 행동을 탐색한다.
④ 새롭게 찾은 대안을 행동으로 옮긴다.

이처럼 전환학습이 일어나는 핵심은 비판적 성찰이다. 비판적 성찰은 자신이 겪은 경험이나 사고방식에 관해 의문을 품는 데서 출발한다. 78쪽의 자기전환 사이클 그림을 다시 한

번 살펴보자. 의문 품기로 시작한 자기인식은 직관이 아닌 자기성찰 과정으로 곧바로 넘어간다. 이렇게 현재의식이 진행되는 흐름을 뒤바꾸면, 우리의 의식구조 자체가 새롭게 진화하는 경험을 맛볼 수 있다.

자기전환의 핵심: 의문 품기

사실 기존 자기 정체성을 돌아보며 의문을 품는 '자기전환' 의 개념을 실천하기는 상당히 어렵다. 철저한 자기 검증과정 을 통해서 발견한 실수와 오류를 인정하고 받아들여야 하기 때문이다. 그러나 자기 생각이 100% 옳다고 믿는 것은 크나 큰 착각이다. 당신이 당연하게 생각하던 것을 당연하게 받아 들이지 않을 때 진정한 자기전환이 일어난다.

한번 생각해 보자. 10년 전에 당신이 절대적인 진리라고 여 겼던 생각이 지금까지 유지되고 있는가? 현재의 당신이 가진 믿음과 관점, 사고구조는 과거의 당신이 지녔던 것과 다르다. 인간은 경험과 학습을 통해 인식의 확장과 전환이 일어나기 때문이다. 그런데도 아직 자기전환에 대한 거부감을 가진 사람을 위해 나의 스토리를 소개하고자 한다. 스토리는 인간이 거부감을 느끼는 변화에 대한 방어기제를 완화하는 효과가 있기 때문이다.

나는 어렸을 때부터 호기심과 의구심이 많았다. 그래서 어릴 때부터 항상 무엇을 하든지 '왜'를 따졌다. 도대체 왜 왜 왜 무엇 때문에? 나는 이 '왜'에 대한 해답이 나오지 않으면 그다음 스텝으로 도무지 나아가질 못했다. 아무런 동기부여가 없어서 좀처럼 뭔가를 실행하고 싶은 마음이 들지 않았다. 나는 늘 내 삶에 대한 의문을 품었다.

'나는 왜 살지? 내 삶은 무슨 의미가 있는 걸까?'
'졸업하면 써먹지도 않을 이 공부를 도대체 왜 하는 거지?'
'남들처럼 꼭 대학에 입학하고 취업하는 삶이 정답인 건가?'

'의문 품기' 습관은 자연스레 내 삶을 비주류로 이끌었다. 학창 시절엔 축구와 게임 외에는 딱히 관심이 가거나 재미를 느끼는 일이 없었다. 술·담배를 비롯한 유흥도 싫어서 멀리하였다. 남들이 흔히 하는 팬질이나 덕질도 해본 적 없다. 무언가 되고 싶다는 희망이나 꿈, 목표 따위도 부재했다.

그러나 이 세상은 주류를 중심으로 돌아가는 사회였다. 특히 한국 사회는 뭔가 암묵적으로 정해진 공식 루트가 존재했다. 좋은 고등학교에 진학해서 좋은 대학을 나오고 괜찮은 직장에 들어가 괜찮은 사람과 만나 결혼하여 가정을 꾸려나가는 그런 삶. 부모님들이나 친구들이나 거의 모두가 이런 삶을 원하고 꿈꾸는 것만 같았다. 이것이 곧 주류고 평범하지만 평범하지만은 않은 일반적인 사람의 일대기인 것이다.

이 세상은 정해진 '모범답안'이 존재하지만 내게는 정답이 없었다. 나는 나만의 해답을 찾아야 했다. 그 해답을 찾아야 앞으로도 무수하게 남은 인생을 살아갈 원동력이 생길 것 같았다. 나는 남들 모두가 가는 길이 아닌 나만의 길을 가고 싶었다. 끝내 나는 해답을 찾았고 진정으로 내가 원하는 일을 하는 자기실현의 삶을 살았다. 바깥세상에서 내 삶은 여전히 비주류였지만, 내부세상에서 만큼은 완전한 주류로 살았다.

나의 자기전환 일화를 하나 소개하겠다. 예전의 나는 실수와 잘못을 용납하지 못하는 사람이었다. 누군가가 내 결과물에 대해서 지적하면 나를 방어하는 데 힘썼다. 때론 내 실수와 잘못이 들통난 것 같아서 버럭 화를 내곤 했다. '나는 결점이 없는 완벽한 사람이어야 된다.'는 정체성을 갖고 있었던 탓이다. 이 정체성은 나를 끝없이 '철저한 완벽주의자'로 세뇌했다.

'너는 모든 실수와 결점이 없는 완벽한 사람이어야 해. 그래야 사람들이 너를 우러러보고 존경할 거야. 빈틈이 있어선 안 돼. 빈틈이 있으면 너를 얕잡아 보고 무시할 거야.'

'완벽함의 정체성'에서 비롯된 그릇된 신념은 나 스스로를 옥죄였다. 성과에 대한 집착은 갈수록 정신적 스트레스를 가중했다. 실패하면 패배자가 될 것 같아 두려웠다. 남들이 알게 되면 내 존재가 부정당하는 느낌이 들것 같았다. 나는 이러한 생각과 신념을 전환할 필요가 있었다. 나는 내가 생각하는 완벽함의 의미에 대해서 의문을 품고 재검토하는 시간을 가졌다. 그 결과, 그동안 내가 잘못된 믿음을 갖고 있었다는 것을 깨닫게 되었다.

과거를 돌이켜보니 실패는 언제나 나를 성장시키는 계기로 작용하였다. 나는 그동안 실패를 통해 나의 부족한 면과 단점을 인지하고 개선할 수 있었다. 또한 사람들은 나의 완벽함보다 오히려 부족하고 인간적인 모습을 더 좋아하였다. 내 결점을 감추면 감출수록, 사람들도 나에게 마음을 열고 다가오지 않았다. 반대로 나의 약점을 먼저 드러내면 상대방도 내게 마음을 열고 다가왔다. 나는 다음과 같은 깨달음과 결론을 도출했다.

'실패는 외려 삶의 통찰과 성장을 돕는 촉진제로 작용한다. 나의 부족함을 먼저 드러내면 이제 더는 약점이 되지 않는다. 완벽은 공감을 불러오지 못하지만, 빈틈은 진솔함과 공감을 끌어낸다.'

그 후로 나는 남들에게 내 콤플렉스나 단점을 드러내는 것을 두려워하거나 부끄럽게 여기지 않게 되었다. 내 약점은 오히려 사람들의 공감과 염려를 불러일으켰기 때문이다. 일례로, 심리상담을 할 때 상담사가 "그 일을 겪을 때 어떤 기분이셨어요?"라고 묻는 것보다, "나 역시 그런 경험이 있어요."라고 말하는 것이 내담자에게 더 공감을 사는 것처럼 말이다.

이처럼 의문 품기는 자기전환이 작동되는 핵심 요소라고 할 수 있다. 기존의 사고방식에 의문을 품는 습관은 자연스레 해답을 찾아가는 과정으로 이어진다. 자기전환은 내가 당연하게 여겼던 사고 관념의 근본적인 전환을 가져왔고 기존의 정체성을 새롭게 변화시켰다. 결과적으로 나는 현재의식이 지닌 비합리적 신념과 고정관념을 개선할 수 있었다.

다재전략

자기 정체성에 의문을 품고 문제점을 발견했다면, 문제를 해결하는 해답을 찾아야 한다. 해답을 찾기 위해서는 자기 정체성을 돌아보며 재점검하는 자기성찰의 시간을 가져야 한다. 그러나 자기성찰만으로 모든 해답을 찾을 수 있는 것은 아니다. 분명 문제가 있는 것 같은데 해결책을 찾지 못한다면 답답함을 느낄 것이다. 이런 상황에선 어떻게 하는 것이 현명할까?

자기전환이 일어나는 결정적인 해답을 찾기 위해 내가 주로 사용하는 방법이 있다. 바로 '다재전략'이다. 여기서 다재는 '다차원적 재해석'의 준말이다. 뭔가 의미가 굉장히 거창해 보이는가? 그러나 단어를 하나하나 띄어놓고 해석해보면 이해하기 쉬울 것이다.

우선 다차원적이라는 단어의 의미는 특정한 현상에 대해 여러 방면에서 두루두루 살펴보는 것이다. 재해석은 기존의 것을 새로운 관점에서 다시 해석한다는 뜻이다. 따라서 다재 전략은 기존에 존재하는 어떤 개념이나 현상을 다양한 시각으로 바라보고 자기만의 방식으로 새롭게 풀이하는 과정으로 설명된다.

다재전략을 실행하기 위한 전술로 독서와 토론은 굉장히 유용한 도구다. 특히 나는 주로 독서를 통해 해답의 실마리를 찾는 편이다. 독서는 수천 년 전부터 현재에 이르기까지 다양한 시대를 살아온 인물들의 지식과 지혜를 습득할 수 있는 최고의 방법이기 때문이다.

모두가 알듯이 독서만큼 인생에 간접적인 경험과 깨달음을 선사하는 좋은 도구는 없다. 그러나 독서는 결코 '간접경험'만 선사하는 것이 아니다. 이를테면 책을 통해 타인의 생각, 경험, 깨달음을 머리로만 이해하면 '간접경험'이 된다. 반면에 책을 자기 방식대로 새롭게 재해석하고 체득하면 '직접경험'이 된다. 나는 이 원리를 깨닫고 내 삶에 즉각 적용하였다.

나는 책을 읽을 때 저자가 전달하고자 하는 핵심 메시지가 무엇인지 파악하고 메모하는 습관이 있다. 또한 글을 읽어보면서 이해되지 않거나 반론을 제기할만한 부분이 있는지 살펴본다. 그 부분을 발견하면, 별도로 내 생각과 의견을 간단하게 정리한다. 독서를 마친 후 이렇게 메모한 내용을 다각도로 곱

씹어서 읽다 보면, 기존에는 생각하지 못했던 새로운 인사이트와 아이디어를 얻을 때가 있다. 나는 이렇게 떠올린 영감에서 기존에 풀리지 않던 문제에 관해 참신한 해답을 찾는다.

사실 나는 원래 영화도 그렇고 한번 본 책을 다시 읽지 않는 편이다. 어지간한 명작이 아닌 이상 다시 볼만한 가치와 흥미를 느끼지 못하기 때문이다. 그래서 내겐 얼마나 보느냐보다 어떻게 보느냐가 더 중요하다. 어떤 정보를 수용하든 간에 최종결론과 해석은 무조건 나 스스로 내린다. 결국 책이든 영화든 콘텐츠가 전하는 핵심 메시지를 다시 나만의 언어로 재해석하고 체화하는 일이 가장 본질적으로 중요하다고 여기기 때문이다.

해답을 찾는 일보다 중요한 것은 해답의 수용이다. 나는 내가 가진 깨달음을 온전히 나의 것으로 흡수하기 위해서 또다시 질문을 던진다. 이 해답이 과연 내게만 적용되는 것인지, 아니면 보통 사람들에게도 똑같이 통용되는 것인지, 여러 방면에서 확인하고 검증하는 절차가 필요해서다.

그런 면에서 토론은 타인과 다양한 주제로 이야기를 나누면서 다재전략을 실행하기에 적합하다. 실제 여러 사람과 함께 이야기를 주고받다 보면, 기존에 내가 해석한 부분을 타인의 관점에서 색다르게 바라보게 된다. 나는 이 과정에서 생각하지도 못했던 매우 신선하고 명쾌한 해답을 얻곤 한다. 그럴 때마다 나는 일종의 희열감을 느끼면서, 기존에 있는 나의 정체성 일부분을 곧바로 업데이트한다.

　나의 생활신조 중 하나는 불치하문不恥下問이다. 불치하문이란 연령이나 학식, 지위 여부를 신경 쓰지 않고 자기보다 못한 사람에게 묻는 것을 부끄러워하지 말라는 뜻이다. 나는 어린 아이든, 학생이든, 노인이든, 장애인이든 누구에게나 배울만한 장점이 있다고 생각한다. 나의 이러한 개방형 사고방식은 다재전략을 적용하기 수월한 환경을 조성해주었다. 즉, 불치하문의 자세는 언제나 내 인생에 좋은 해답을 안겨주는 계기로 작용하였다. 남에게 배우는 것을 부끄럽게 여기면, 다재전략을 실행하기 힘들다. '다재'하면 '다능'해진다. 다재전략으로 능수능란한 자기전환을 실행해보자.

고정형 인간
VS
성장형 인간

사람은 변하지 않는다 or 사람은 변한다. 당신은 이 두 가지 의견 중 어떤 관점을 취하는가? 앞서 자기전환의 참된 의미를 깨달은 당신이라면 '사람은 변한다.'라는 관점을 취할 것으로 예측한다. 그럼에도 아직 '사람은 변하지 않는다.'라는 입장을 가진 사람도 많을 것이다. 이처럼 사람은 변하지 않는다고 생각하는 사람은 고정형 사고방식을 지닌 사람이다. 반대로 사람은 변한다고 생각하는 사람은 성장형 사고방식을 지닌 사람이다. 나는 전자를 '고정형 인간', 후자를 '성장형 인간'으로 부른다.

"사람은 고쳐 쓰는 게 아니야. 사람은 절대 안 바뀌어."라는 유명한 말이 있다. 이 말의 기저에는 '사람의 본성을 이루는

지능, 성격, 기질, 습관, 행동 패턴은 좀처럼 변하기 힘들다.'라는 뜻을 내포하고 있다. 물론 나도 이 말에 어느 정도는 동의한다. 실제 우리가 사는 이 세상에는 남들에게 죽어라 욕을 먹고, 갖은 조언을 들어도 절대 바뀌지 않는 사람이 존재하는 까닭이다. 소위 '쇠귀에 경 읽기' 꼴이다. 의식 차원이 낮은 사람들은 남들이 아무리 일러주어도 마음을 열고 경청하지 않는다. 오히려 "왜 간섭질이야. 내 일은 내가 알아서 할 테니, 너나 잘하세요."라는 식으로 반격을 취한다.

고정형 인간은 자신만의 에고와 고집이 세고 자기합리화에 능한 경우가 많다. 자기 잘못을 되짚어 보거나 고치려 하지 않고 회피한다. 심지어 자기 잘못으로 인해 문제가 발생해도 책임을 남의 탓으로 돌리기도 한다. 따라서 고정형 인간의 발전은 정체되고 더딜 수밖에 없다. 사고방식이 고정되어 있으니 자연스럽게 성장도 멈춰버리는 것이다.

고정형 인간은 아무리 자기계발을 열심히 해도 인생이 크게 변화되기 힘들다. 자기 스스로 한계를 지으면서, "사람은 고쳐 쓸 수 없고 변하지 않아."라고 생각하기 때문이다. 고정형 인간은 자신의 단점을 개선할 노력을 기울이지 않는다. 자신만의 견고한 프레임에 갇혀버려 자기전환 자체가 일어나기 어렵게 만든다. 고정형 인간의 잘못된 고정관념과 편견은 인생의 흐름을 부정적인 방향으로 돌려버린다.

반면에 성장형 인간은 위기를 기회로 삼고 실패와 도전을 두려워하지 않는다. 악조건 속에서도 새로운 시도와 방안을 모색한다. 이들은 자신이 가진 한계를 스스로 규정짓지 않는다. 자신이 지닌 안 좋은 단점조차 장점으로 승화시키거나 고칠 수 있다고 생각한다. 성장형 인간은 자신과 타인에 대한 특별한 고정관념이나 선입견, 편견이 없이 보다 나은 변화와 성장에 대한 확실한 믿음을 갖고 있다. 즉, 성장형 인간은 초월자가 될 자질과 자격을 갖춘 셈이다. 다음의 대화를 통해 고정형 인간과 성장형 인간의 사고방식이 어떤 차이점이 있는지 살펴보자.

고정형: 어차피 사람은 변하지 않아. 나도 그렇고 너도 그래. 단점은 고치기 어려워. 그러니까 나에게 잘못을 지적해도 소용없어. 쓸데없이 시간만 낭비할 뿐이야.

성장형: 나는 장점보다는 단점이 너무 많은 사람이야. 그래도 내가 가진 단점보다는 장점을 더욱 키워볼 거야. 이 장점을 살리면 단점이 상쇄되겠지.

고정형: 그 친구는 좋은 대학을 못 나왔고 스펙도 완전 별로야. 성격도 뭔가 밋밋하고 자기 줏대가 없어. 남에게 맞춰주기만 하잖아? 그러니 나중에 사회에서 성공하긴 힘들 거야.

성장형: 그 친구는 진짜 특출난 재능도 없는 것 같고 스펙도
　　　　형편없어. 하지만 그래도 인성이 참 착한 친구야. 남
　　　　들이 가지지 못한 배려심과 친화력을 가지고 있어. 자
　　　　기 장점을 살리는 일을 한다면 뭔가 큰일을 이룰 것
　　　　같아.

　이처럼 고정형 인간과 성장형 인간의 생각 차이는 뚜렷하
게 구분된다. 자신이 가진 프레임을 깨는 성장형 인간은 자기
전환이 일어나기 쉬운 마인드 셋을 장착하고 있다. 따라서 성
장형 인간의 인생 흐름은 플러스 방향으로 흘러갈 수밖에 없
다. 따라서 성공적인 자기전환이 일어나기 위해서는 성장형
사고방식을 갖고 자신의 무한한 가능성과 잠재력을 믿어야 한
다. 인간은 누구나 충분히 이전보다 더 좋은 사람으로 변하고
성장할 수 있는 자격을 갖추고 있다는 사실을 잊지 말자.

고정형 인간과 성장형 인간의 마인드 셋

유형	고정형	성장형
정체성	고정	변화
세상	고정관념, 선입견, 편견	유동성, 가능성, 개방성
단점	합리화	개선
실패	헛된 결과	성장의 과정
위기	위협과 회피	기회와 도전
자기 한계	제한	초월

　표를 보면서 당신이 고정형 인간인지 성장형 인간인지 판단해보자. 설령 고정형 인간으로 판별되어도 너무 낙심하진 말자. 자기전환을 통해서 성장형 인간으로 변화하면 된다.

　고정형 인간과 성장형 인간을 구분하는 나만의 기준(?)이 있다. 바로 자기계발서에 관한 호불호를 따져보는 것이다. 자기계발서를 싫어하는 사람들의 공통적인 특징 세 가지가 있다. 첫째, 누구나 할 수 있는 뻔한 이야기라고 취급한다. 둘째, 내용 자체가 허무맹랑하고 설득력 있는 근거와 주장이 부족하다고 말한다. 셋째, 글을 작성한 작가 본인에게나 맞는 방식이지, 타인이 적용하기엔 힘들고 불가능한 방식이라고 말한다. 그렇다. 이미 눈치챘겠지만, 고정형 인간은 대체로 자기계발서를 좋아하지 않고 자의식이 강하다. 반대로 성장형 인간의 대부분은 자기계발서를 좋아하며 자의식이 강하지 않다.

결과라는 고정값보다 과정이라는 변동값

나는 어제도 오늘도 내일도 끊임없이 발전하는 성장형 인간이다. 특히 독서는 내게 성장형 인간으로서의 삶을 살아가도록 촉진하는 원동력으로 작용하였다. 나는 내 삶을 지속적으로 업그레이드하기 위해 스무 살부터 본격적으로 책을 닥치는 대로 읽었다. 그동안 자기계발서를 비롯해 인문학, 과학, 고전, 에세이, 소설, 시, 희곡 등 분야와 상관없이 다양한 책을 읽었다. 지금까지 읽은 책만 해도 1,000권은 가뿐히 넘는다. 독서 실천력을 키우기 위해 운영하는 오프라인 독서 모임도 8년째 운영 중이다.

성장형 인간으로서의 나는 또한 내 단점을 고치고 보완하기 위해 진심으로 노력하는 사람이다. 이상하게 보일지 모르겠지만, 내가 진심으로 감사하는 사람은 내 잘못이나 단점을 명확하게 지적하고 알려주는 사람이다. 나는 언제나 나에게 제대로 쓴소리, 즉 팩트 폭행을 해주는 친구들을 가까이 두었다. 쓴소리를 받아들여 생기는 실보다는 득이 더 컸기 때문이다.

우리 대부분은 자기 모습을 객관적으로 인지하기 힘들다. 그래서 때로는 타인이 무심코 건넨 말 한마디로 인해 큰 깨달음을 얻기도 한다. 사실 타인이 건넨 쓴소리 중 일부는 나를 진심으로 걱정하고 위하는 마음이 담겨 있다. 그래서 평소에 나는 기분은 다소 언짢을지라도 쓴소리 듣는 것을 보약처럼 여겼다. 생각보다 보약의 효과는 달콤했다. 이 쓴소리 보약을 제대로 흡수한 덕분에 생각보다 많은 부분의 단점을 개선하고 오늘보다 더 나은 사람으로 발전해나갈 수 있었다.

일례로 나는 과거 연인과 이별을 맞이할 때 행하는 특별한 루틴이 있었다. 나는 헤어지는 연인과의 마지막 만남에서, 이렇게 간곡한 요청을 했다. "우리 연애했을 때 나에게 아쉬웠던 점이나 고쳐야 할 점이 있었다면 알려줄 수 있을까? 부담 없이 말해주면 좋겠어. 내 못났던 부분을 알려주면 진심으로 고마울 것 같아." 이런 식으로 나는 이별하기 직전 상대방에게 양해를 구한 후 내 단점, 잘못한 점, 서운했던 점 딱 세 가지를 물어보았다.

감사하게도 전 연인들은 모두 내게 솔직히 답변해주었다. 물론 사후 검증 결과 그녀들의 말이 100% 정답이 아닌 경우도 있었다. 하지만 결과적으로 이 특별한 루틴(?) 덕분에 많은 것을 얻었다. 연애와 이별을 통해 그동안 인지하지 못했던 나를 발견하게 된 것이다. 나는 그녀들의 충고를 잘 새겨들은 탓에 내 단점을 보완하고 더 이상 같은 실수를 되풀이하지 않는 괜찮은 사람으로 거듭날 수 있었다.

소크라테스는 자신의 무지를 아는 것이 앎의 시작이라고 여겼고 "너 자신을 알라."라는 명언을 남겼다. 소크라테스가 남긴 이 말은 곧 자기 자신에 대해서 아직 명확하게 인식하지 못하고 있는 부분을 깨달으라는 말과 같다. 또한 나의 무지와 부족함을 인정하고 기꺼이 수용하라는 의미도 있다. 소크라테스가 남긴 명언처럼 우리는 생각보다 우리 자신에 대해서 잘 알지 못한다.

남들이 보는 나와 내가 보는 나는 다르다. 또한 내가 바라보는 세상과 남들이 바라보는 세상은 다르다. 사람들은 저마다 자기만의 시선으로 세상을 바라보기 때문이다. 즉, 자신이 어떤 관점을 가졌느냐에 따라 세상을 이해하고 받아들이는 정도가 달라진다. 지식과 정보를 습득하는 행위도 이와 크게 다르지 않다. 당신에게 필요 없다고 느껴지는 지식과 정보는 버려지고 만다. 그러나 당신에게 중요하지 않은 지식과 정보가 누군가에겐 유용한 자기전환적 깨달음으로 가공될 수 있다.

결국 성장형 인간은 '결과'라는 고정값보다 '과정'이라는 변동값을 중요시하는 사람이다. 자신의 무지와 부족함을 인지하고 개선하기 위해 노력하는 사람, 문제 자체가 아닌 문제의 해결에 집중하는 사람, 그들 모두는 칭찬받아 마땅하다. 반드시 명심하자. 성장형 인간의 사고방식은 초월자라면 응당 지녀야 할 기본값이다. 바로, 이 성장형 마인드 셋이 지속적인 자기전환과 내적 성장을 일으키는 필수요소이기 때문이다.

코칭 플러스 의문 품기 챌린지

자신이 가진 정체성에 관한 의문 품기 챌린지를 시작해보자. 챌린지는 도전이라는 뜻도 있지만, 무언가에 반박하고 이의를 제기한다는 의미도 함께 갖고 있다. 의문 품기 챌린지는 당신이 당연하게 여기는 생각이나 관점에 오류와 모순이 없는지 점검하고 개선할 수 있도록 도울 것이다. 혼자서 하는 것도 좋지만, 서너 명 정도 그룹을 지으면 더욱 효과적인 챌린지를 진행할 수 있다. 의문 품기 챌린지로 자신이 가진 정체성을 가장 완성도 높은 최신 버전으로 업데이트해 보자.

---

① 자신이 당연하게 여기는 생각이나 견해를 적는다.

예시) 무조건 좋은 대학을 나와야 성공한다.

② 문항①에 대해서 그렇게 생각하는 이유를 적는다.

예시) 좋은 대학을 나오지 못하면 그 자체로 인생에 패배자가 된다. 또한 여러 가지 사회적 편견에 시달리고 입사 면접 기회도 제한된다.

③ 문항②에 대해서 버그(오류와 모순)가 없는지 점검하고 반박할 만한 의견을 적어본다. 타인과의 대화와 토론을 통해 의견을 검토해 보는 것도 좋다.

예시) 고졸이나 지방대 출신 중에도 성공한 사람들이 많다. 스펙보다 능력이나 성과로 자기를 검증할 수 있다. 창업이나 투자를 통해서 원하는 성공을 거두기도 한다.

④ 문항③ 과정으로 버그를 발견했다면, 버그를 수정하는 해답을 찾아 적는다. 기존의 생각을 새로운 관점에서 바라보고 재해석해보자.

예시) 대학 졸업장이 내 인생을 결정하지 않는다. 인생에 성공하는 다양한 루트가 존재한다. 중요한 건 어떤 생각과 행동을 갖고 살아가느냐이다.

⑤ 문항 ④에서 찾은 해답을 요약하여 핵심 한 줄로 써넣는다. 이 문장을 마음속에 되새기고 주입하면서 자기 정체성을 업데이트한다.

예시) 성공은 내 마음먹기에 달려 있다.

⑥ 다음 참가자를 지목하고 의문 품기 챌린지를 이어 나간다.

자기확신이 강한 사람은 자신의 본질 자체에
관한 확고한 믿음을 갖고 있다.
자기 자신에 대한 확고한 믿음은
내 안에 잠든 잠재의식의 힘을 강화한다.

자기확신

3 단계

자기초월의 법칙 1~2단계를 마스터 했다면 자기확신을 갖기 위한 기본 뼈대는 갖춘 셈이다. 이제는 이 뼈대에 자기확신이라는 살을 붙여보자. 자기확신은 자기권한과 자기결정권을 회복하도록 돕는다. 이번 장에서 소개할 방법을 실행한다면, 그 누구보다 자기확신이 뚜렷한 사람으로 거듭날 것이다.

자기확신이
중요한 이유

인생은 언제나 선택을 필요로 한다. 사소한 선택부터 운명을 바꾸는 중요한 선택까지, 인생을 살다 보면 선택의 순간은 매번 찾아온다. 매일 반복되는 일이나 루틴, 혹은 사소한 습관과 생각조차도 사실 우리가 그것을 하기로 선택했기 때문이다.

결국 인생이란 우리가 내린 선택에 따른 결과물이 현실로 구현된 것이다. 따라서 우리는 언제나 가장 현명한 판단과 최선의 선택을 내리는 것이 필요하다. 우리는 하루 중에도 수많은 의사결정을 내린다. 그와 동시에 올바른 선택을 했는지 끊임없이 의심하거나 불안해한다. 현실사회는 우리가 선택하고 기대한 방향으로 흘러간다고 장담할 수 없기 때문이다.

인간에겐 자신의 자유의지에 따라 원하는 선택을 내릴 수 있는 결정권이 주어진다. 하지만 그 결정권을 사용할 땐 책임이 따르고, 책임은 온전히 자신의 몫이다. 지금도 수많은 사람이 자기가 선택한 삶에 대해 의문을 품으며 살아가고 있다. 자신이 가는 길이 맞는 길인지에 대한 의문, 남들보다 잘살고 있는지에 대한 의문, 자신이 내린 결정이 올바른 판단이었는지에 대한 의문, 자신이 원하는 삶을 살고 있는지에 대한 의문 등 다양한 의문이 혼재되어 있다. 이렇게 불안감을 안고 사는 삶은 위태롭기 그지없다. 따라서 우리는 뚜렷한 자기확신을 바탕으로 삶에 관한 불확실성과 불안감을 잠재워야 한다.

자기확신이란 어떠한 상황에서도 자기 자신을 굳건하게 믿는 마음을 말한다. 자기확신이 강한 사람은 자신의 본질 자체에 관한 확고한 믿음을 갖고 있다. 자기확신은 높은 자존감을 바탕으로 자기권한과 자기결정권을 회복하도록 돕는다. 자기확신을 가진 사람은 스스로 중심을 잃지 않고 가장 최적의 의사결정을 내린다. 결코 자기 능력과 결정을 의심하고 후회하지 않는다. 자기 자신에 대한 확고한 믿음은 내 안에 잠든 잠재의식의 힘을 강화한다.

자기확신이 부족하면 인생을 살아가는 데 있어 큰 지장을 초래한다. 자기중심이 없는 탓에 남에게 끌려다니기 쉽고, 소위 선택 장애와 결정장애에 따른 피해를 고스란히 떠안기 때문이다. 자기확신이 부족한 사람은 자기 스스로 무엇이든 쉽게 결정할 수 없다. 자신을 믿지 못하기에 남의 결정이나 판단에 지나치게 의존하고 무언가를 시도하는 실행력이 떨어진다.이러한 악순환이 반복될 경우 심리적인 혼선과 부담감이 가중된다.

자기확신이 없으면, 인생을 나답고 주체적으로 살아가지 못하면서 삶의 전반적인 것들이 불안정해진다. 자기 미래에 대한 의구심과 불안감이 생기고 무기력 속으로 빠져든다. 자신감과 자존감 또한 바닥을 치면서 개인의 매력도가 떨어진다. 결정적으로 자기 한계를 스스로 결정짓기 때문에 발전이 정체된다. 자기 스스로가 만든 제한된 틀에 갇혀버려 한계를 뛰어넘지 못한다. 자기확신이 부족한 사람은 통상적으로 다음과 같은 네 가지의 그릇된 신념을 갖고 있다.

① 자기 가치를 평가절하한다. ⇒ solution 초월자의 자존감
② 남에게 의존하는 마음이 크다. ⇒ solution 나 중심 대화법
③ 실패에 대한 두려움과 걱정이 지나치다. ⇒ solution 긍정 심리학
④ 자신이 무능하다고 생각한다. ⇒ solution 다중지능이론

이 네 가지의 비합리적 신념을 극복하는 해결책을 적용한다면 뚜렷한 자기확신이 생겨날 것이다. 그럼, 본격적으로 자기확신을 키우는 구체적인 방법을 알아보자.

초월자의
자존감

사람들은 누구나 남에게 인정받거나 관심과 사랑을 받고 싶어한다. 타인에게 사랑받기 위해서 가장 중요하고 필수적인 조건은 무엇일까? 바로 나 자신을 아끼고 사랑하는 마음을 갖는 것이다. 자기 스스로를 사랑하는 사람은 풍기는 아우라부터가 다르다. 사람이 가진 가장 큰 매력은 자신을 진심으로 아끼고 사랑하는 것으로부터 비롯된다. 자존감이 높은 사람은 자기를 사랑하는 마음이 크며 뚜렷한 자기확신을 갖고 있다. 따라서 우리는 자존감을 키우기 위한 마음의 변화를 이끌어내야 한다.

자존감을 키우는 기본적인 토대는 자신의 모든 면을 조건 없이 사랑하는 것이다. 당신은 어떤 일이 발생하더라도 자기 자신을 스스로 사랑할 수 있어야 한다. 자신을 사랑하고 믿는 마음은 잠재의식으로부터 강화된다. 당신은 잠재의식이 가진 힘에 집중하며 자기 스스로에 대한 믿음과 확신을 가질 수 있다.

자기 내면의 잠재의식에 무한한 애정과 신뢰를 아낌없이 보내줄 수 있다면 자존감은 자연스레 회복된다. 내가 정작 나를 사랑하지 않는데 남이 먼저 나를 사랑해주길 바라는 마음은 허황한 욕심일 뿐이다. 자존감은 타인이 아닌 오로지 자신 스스로에 의해 생성되는 것이다. 타인에 의해 형성된 자존감은 무의미하고 무가치하다. 남들로부터 자기 존재감이나 결핍감을 인정받고 채우는 사람은 자기 자존감을 온전히 채우지 못한다.

자존감이 낮은 사람은 언제나 자기 가치를 평가절하하는 특성을 보인다. 자신이 남들보다 특별히 잘하는 것도 없고 능력이 떨어진다고 생각해서다. 심한 경우 스스로를 정말 보잘것없고 쓸모없는 존재로 인식한다. 이런 사람은 아마도 자신과 가장 가까운 사람으로부터 자기 존재에 관한 부정을 경험했을 가능성이 높다.

이를테면, 가족이나 친구, 연인으로부터 칭찬 한마디 듣지 못하고 지속적인 인격모독과 무시, 핍박을 받는 것이다. 타인의 심리를 교묘하게 조종하고 지배하는 가스라이팅을 당하게 되면 자존감과 자기확신을 상실하게 된다.

타인으로부터 부정적인 평가와 피드백을 받는 것에 익숙한 사람은 남들이 아무리 좋은 말을 하고 칭찬을 해줘도 크게 와 닿지 않는다. 이미 자신의 잠재의식 깊은 곳에서 부정적인 기억과 트라우마에 사로잡혀 있기 때문이다. 이렇게 과거에 얽매여서 자신의 가치를 떨어뜨리는 행위가 반복되면 자신을 사랑하는 마음을 갖는 것이 힘들어진다. 우리는 과거의 나를 바꾸거나 새롭게 창조할 수 없다. 우리가 바꿀 수 있는 것은 오직 지금 이 순간에 존재하는 나뿐이다.

자존감을 회복하기 위해선 문제에 집중하는 것이 아닌, 문제를 일으킨 원인과 해결방안에 집중하는 마음가짐이 필요하다. 그러니 우선은 나를 사랑하지 못하게 방해하는 것들을 찾아보자. 현재의 나 자신이 왜 이런 생각을 하고 있는지, 자신을 사랑하기 위해서 무엇을 해야 하는지 생각해보고 행동으로 옮겨보자.

당신은 당신이 지닌 자기권한과 자기결정권을 남에게 넘겨주거나 놓아버리지 않아야 한다. 당신의 삶은 오로지 당신을 위한, 당신에 의한 당신만의 것이어야 한다. 나는 당신이 당연하게 가져야 할 '자존감 권리'를 잃지 않길 바란다.

당신은 누구에게나 사랑받고 존중받을 권리가 있다. 자신을 아끼고 돌봐줄 권리가 있다. 자신이 원하는 대로 살아갈 권리가 있다. 좋아하지 않는 일을 억지로 하지 않을 권리가 있다. 실수하거나 실패할 수 있는 권리가 있다. 차별받지 않을 권리가 있다. 하고 싶은 말을 속 시원하게 할 권리가 있다. 남의 의견에 동조하지 않을 권리가 있다. 남들의 기대치에 부응하지 않을 권리가 있다. 남들에게 상처받지 않을 권리가 있다. 무엇보다 언제 어디서나 행복하게 살아갈 권리가 있다.

자존감 권리를 잃게 되면 남과 비교하고 시기 질투하는 마음이 생겨난다. 이 상태가 악화하면 자기합리화나 자기혐오로 변질하고 만다. 타인을 쫓으려다가 정작 자기만의 페이스를 잃어버리고 후회하는 사람들이 있다. 이는 남과의 비교에서 오는 상실감을 채우려다가, 정작 자신이 가진 본질적 가치를 훼손하는 꼴이다.

예를 들어, 당신이 헬스장을 다닌다고 가정해보자. 실제 헬스장에는 초급자부터 상급자까지 다양한 운동러들이 많다. 운동을 하다 보면 종종 헬스 마니아나 몸짱을 마주치기도 한다. 만약에 당신이 몸 좋은 사람들을 볼 때마다 비교하는 마음이 들거나 시기 질투하는 경쟁심이 생긴다면 어떨까? 아마 운동에 임하는 집중력도 떨어지고 심적으로도 괜히 위축되는 마음이 생겨날 것이다.

그러나 같은 상황에서 시기질투의 대상을 벤치마킹의 대상으로 전환하는 마인드로 바꾼다면 어떨까? 타인이 가진 장점을 본받아 자기 것으로 흡수하는 사람은 운동수행 능력의 발전에 발전을 거듭할 수밖에 없을 것이다. 나아가서 타인과의 경쟁이 아닌 자신과 경쟁을 한다는 마인드를 가지면 어떨까?

아마 자신보다 운동을 잘하거니 몸 좋은 사람을 봐도 크게 개의치 않을 것이다. 오직 자신의 운동 페이스에만 집중하며 운동을 통해 이루고자 했던 목표를 무난히 달성할 것이다.

'저 사람이 하는 운동 방식은 굉장히 유용해 보이네. 벤치마킹해 봐도 괜찮겠어. 그러나 아직 내 몸에 적합한 운동 방식은 아닌 것 같아. 오늘은 이 무게만큼 들었지만, 다음엔 더 중량을 올려보자.'

운동을 예로 들긴 했지만, 무슨 일을 하든지 이런 마인드를 갖고 임하면 타인과 비교하는 마음은 자연스레 줄어들 것이다. 그러니 남과 경쟁하는 마인드보다 자신과의 싸움에서 이기는 경험을 쌓아보자. 자신과의 경쟁에서는 잃을 것도 손해볼 것도 없다. 타인과의 경쟁이나 비교를 통해 채우는 자존감은 진짜 자존감이 아니라서 금세 휘발되고 만다. 타인(독립변수)의 변화에 따라 자기감정이 결정(종속변수)되는 위치에 놓이기 때문이다.

타인과의 경쟁심을 통해 빛을 발하는 자존감은 무의미하다. 우리는 타인이 아닌 자신과의 경쟁을 통해 자기 능력과 한계를 뛰어넘어야 한다. 자신과의 경쟁에서 지금 당장 이기고 지는 승패는 크게 의미가 없다. 조금씩 변화하고 성장하는 내 모습만 체감할 뿐이다.

자기 자신과의 선의의 경쟁을 통해 자기 한계를 초월하는 긍정적인 경험을 축적해 나가보자. 매일매일 달라지는 나의 성장 과정과 결과를 복기해보자. 자신의 부족하고 나약한 모습을 발견해도 있는 그대로 받아들여 보자. 스스로 어떤 점을 보완하고 개선해 나가야 하는지 살펴보자. 이와 같은 마인드를 가질 때 당신의 자존감은 시간이 지날수록 향상하고 강건해질 것이다.

남들이 입은 옷을 보고 이뻐 보여서 샀는데 정작 나한테는 어울리지 않았던 경험이 한 번쯤 있을 것이다. 이처럼 사람은 각자 자기에게 어울리는 색깔, 즉 퍼스널 컬러가 있다. 우리는 자기 마음의 빈 공간을 타인의 색깔이 아닌 나만의 색깔로 덧칠해 나가야 한다. 그래야 이 세상에 하나뿐인 소중한 나의 인생을 잘 그려나갈 수 있기 때문이다. 이제 당신도 자기만의 멋진 개성과 색깔을 표출하는 매력적인 사람으로 거듭나보자.

유명한 연예인이든, 정치인이든, 사업가든, 대기업 회장이든, 인플루언서든 어차피 모두 다 똑같은 사람일 뿐이다. 이 세상에 완벽한 사람은 없다. 내 스스로 완벽하게 느끼기에 완벽해 보이는 것이다. 이 세상엔 겉은 화려해도 속은 초라하고, 가진 것이 많아도 마음은 빈곤한 사람들이 수두룩하다. 외적인 모습과 조건만으로는 절대로 한 사람을 완벽하게 파악할 수 없다. 가족처럼 늘 붙어 있어도 이해하기 힘든 게 사람의 본성이다. 이러한 사실을 인지하면 타인이 어떠한 사람이든 절대 감정적으로 영향받지 않게 된다. 주변이 이렇든 저렇든 간에 그저 자기 갈 길만 잘 가게 된다.

자존감을 키우는 가장 본질적인 방법은 자기 스스로 당당하고 떳떳하게 여길 만한 경험과 요소를 쌓아나가는 것이다. 자기 자신뿐만 아니라 남들에게 오픈해도 부끄럽지 않고 당당한 사실이 있다면 자존감이 굳건해진다. 예를 들어, 자기 자신과의 약속을 무슨 일이 있어도 끝까지 지키거나, 타인을 위한 선행을 베풀거나, 불의에 굴복하지 않은 경험을 쌓는다면, 자존감이 두터워지고 자체 발광할 수 있을 것이다.

별이 스스로 빛나듯이 우리는 자기 스스로 온전한 빛을 내는 '셀프 자존감'을 장착해야 한다. 사람마다 풍기는 매력이나 분위기가 다르듯이, 스스로 빛나는 자존감을 가져야 남다른 아우라가 표출된다. 바로 이것이 어떠한 상황에서도 흔들림 없이 존재 자체로 빛을 발하는 초월자의 자존감이다.

나 중심
대화법

　자기확신이 부족한 사람은 남에게 의지하는 마음이 크다. 자기 자신을 믿지 못하기에 남의 생각과 판단에 의존하고 만다. 자기확신이 없는 사람은 자신이 아닌 타인이 내린 선택과 결정, 그리고 인정으로부터 오는 안정감을 더 선호한다. 자기확신이 없는 사람은 늘 타인에 대한 생각으로 가득 차 있다. 타인의 의견에만 의존하다 보니 정작 자신의 사리 분별력과 판단력이 흐려진다. 결과적으로 개인의 의사 결정력 자체가 훼손되고 만다.

　자기확신이 부족하면 남에게 의지하는 마음으로부터 오는 안정감을 쉽게 놓지 못한다. 심지어 한 사람이 아니라 아는 사람 모르는 사람을 총동원해서 수많은 의견을 듣고 결정을 내린다. 이렇게 내린 결정은 자기 앞길을 가로막는 커다란 걸림돌이 되고 만다. 자신이 진짜 원하고 하고자 했던 것을 못 함으로써 인생이 꼬이거나 뒤바뀔 수 있기 때문이다.

물론 남에게 의존할 때 문제가 안 생기면 다행이다. 그러나 현실적으로 문제가 발생하지 않는 경우는 극히 드물다. 남이 전달한 조언이 아무리 객관적이며 합리적이라고 할지라도 나에게 100% 맞는 답은 아닐 수 있기 때문이다.

남에게 맞는 방식이 반드시 나에게도 들어맞으리란 보장은 없다. 이 세상에는 다양한 변수들이 존재한다. 변수를 만나면 잘 되다가도 실패할 수 있고, 실패하다가도 잘 풀릴 수 있다. 즉, 남의 조언을 듣고 아무 문제 없이 살다가도, 언제든지 위기와 난관에 부딪힐 수 있다는 말이다.

결정적으로 자기확신이 부족하여 타인의 의견을 수용하는 사람들은 본인이 내린 선택과 실패에 대한 책임을 남의 탓으로 돌리는 경향이 있다. 어떻게 보면 사실 진짜로 남의 말을 듣고 행한 것이기에 이보다 더 좋은 핑계가 없다. '잘되면 내 탓, 못되면 남의 탓'까지는 아니겠지만, 남을 의지하면서도 비판하는 상황은 참 모순적이다.

타인에게 의지하는 마음을 줄이기 위해서는 '마인드 셋'을 바꿔야 한다. 꼭 남에게 확인받거나 무언가를 성취해야만 확신이 생기는 것은 아니다. 자기 자신에 관한 뚜렷한 확신은 예상치 못한 과정이나 결과가 나타나도, 그것에 저항하지 않고 수용하는 데서 출발한다. 자기중심이 바로 서야 자기확신 또한 우뚝 서기 마련이다.

자기 모습을 있는 그대로 받아들이기 위해서는 나의 단점이나 유약함을 인정하는 연습이 필요하다. 완벽해 보이는 사람일지라도 누구나 단점이 있고, 실수를 할 수도 있다는 것을 명심하자. 먼저 자기 생각과 감정을 있는 그대로 인정하고 오픈하는 마음을 길러보자. 그러면 선택에 대한 책임을 나 스스로 온전히 지는 힘이 생긴다. 당신이 무엇을 하든 어떤 결과를 초래하든 사건의 중심을 타인이 아닌 나로 생각하는 습관을 길러보자. 아래 대화를 살펴보고 무엇이 다른지 확인해 보자.

너중심: 너를 너무 믿어서 잘못된 선택을 하고 말았어. 그래서 너무 화가 나. 내가 실패한 건 다 너 때문이야.

나중심: 너를 믿고 잘못된 선택을 했어. 그렇지만 선택은 내 몫이니 책임도 내가 져야지.

너중심: 나는 네가 그런 말을 뱉을 때마다 의기소침해져. 네가 한 말이 다 사실인 거 같아. 그럼 나는 앞으로 어떻게 해야 할까?

나중심: 나는 네가 말한 바에 동의하지 않아. 네가 그렇게 말할 때 속이 상하고 존중받지 못한다고 느껴져. 그렇게 말하는 이유가 뭐야?

너중심은 사건(결과)의 중심을 나(자신)가 아닌 너(타인)에게 돌리고 있다. 반면에 나중심은 너(타인)가 아닌 나(자신)를 중심으로 결과를 바라보고 해석한다. 이처럼 어떤 문제에 대한 책임을 남에게 돌리지 않고, 내 생각과 감정 상태를 솔직하게 표현하는 방법을 '나 중심 대화법'이라고 한다. 나 중심 대화법은 대화의 초점을 타인이 아닌 자신에게 맞춘다. 따라서 타인의 행위를 비난하지 않으면서도 자신의 솔직한 마음과 감정을 오해 없이 전달할 수 있다.

자기개방을 통해서 내 마음을 먼저 솔직하게 오픈하면 상대방이 지닌 방어기제를 해제하고 진실한 대화를 이끌어갈 수 있다(윤왕 블로그에서 자기개방의 기술과 효과를 확인해 보자). 나 중심 대화법은 자기 비난이나 자책감과는 결이 다르다. 비난과 자책은 말 그대로 비난과 자책으로 그치고 그다음이 없다. 하지만 나 중심 대화법은 문제의 본질을 올바르게 확인할 수 있는 시각과 통찰력을 제공한다. 또한 부정적인 결과나 나쁜 감정에 사로잡히지 않고, 현재 상황을 개선할 수 있는 행동과 마음가짐에 초점을 맞추도록 돕는다.

이제 당신도 나 중심 대화법을 통해 타인에게 의지하는 마음을 줄이고 자기확신을 가져보자. 당신의 자존감은 반드시 남들에게 인정받아야만 높일 수 있는 것이 아니다. 타인의 평가에 의해 자존감이 형성되는 사람은 인생이 불행해질 수밖에 없다.

어느 날 갑자기 당신에게 낯선 외국인이 다가와 전혀 알아듣지도 못하는 언어로 욕설을 퍼부었다고 가정해보자. 당신은 그 외국인의 말을 전혀 이해하지 못하기에 아무런 타격감도 받지 않을 것이다. 이처럼, 남들이 당신에게 어떤 말을 하든, 그 말에 의미 부여를 하거나 받아들이지 않으면 아무런 영향도 미치지 못한다.

당신이 어떤 사람인지 정의하는 것은 바로 당신 자신에게 달려 있다. 당신은 자기 자신을 새롭게 변화시킬 능력을 갖추고 있다. 자기확신이 생기는 기준점은 다른 누구도 아닌 바로 당신 자신이다.

긍정
심리학

자기확신이 부족한 사람은 매사 두려움과 걱정에 사로잡혀 있다. 자기 자신을 믿지 못하기에 어떤 일을 시작할 용기가 나지 않는다. 스스로 커다란 장벽을 치고 한계를 규정짓는다. 설사 다시 시작한다고 해도 지속성이 짧다. 자기 능력에 대한 확신과 믿음이 부족하기에 무슨 일을 하든지 쉽게 포기해버리고 말기 때문이다. 자기확신이 부족한 사람의 사고방식은 대개 이렇다.

'내가 이걸 할 수 있을까? 아니야. 역시 내 능력으로는 역부족이야. 어차피 실패하고 조롱당할 바에 안 하고 말지.'

어떤 일을 시작하고 쉽게 포기하는 습관은 결국 실패라는 결과를 초래한다. 실패가 반복되면 두려움과 걱정이라는 패배의식에 사로잡히기 쉽다. 두려움과 걱정은 인생의 다양한 가능성과 시도를 묵사발로 만든다. 시도조차 하지 않으니 원하는 것을 얻는 성취감은 당연히 줄어든다. 자기 잠재력과 가능성을 꽃피워 보지도 못하고 떨어지는 꽃이 되고 마는 것이다.

실패와 좌절을 어떻게 바라보고 대처하냐에 따라서 우리 인생은 달라질 수 있다. 소위 위대한 성공을 거둔 이들의 공통점이 있다. 그들의 인생은 모두 평탄하지 않았다는 점이다. 애플과 아마존의 창업자인 스티브 잡스와 제프 베이조스는 모두 다 실패를 딛고 위대한 성공을 거둔 인물이다.

국내 기업인들도 마찬가지다. 비바리퍼블리카 이승건 대표 역시 여덟 번의 창업 실패를 경험했다. 이승건 대표는 서울대 치대를 졸업한 수재다. 그러나 그는 수차례의 창업 실패 후 아홉 번째로 재도전한 사업인 토스로 뒤늦게 대박을 쳤다. 비단 이승건 대표뿐만이 아니다. 우리에게 익숙한 야놀자와 스팩터, 크몽을 창업한 스타 창업자는 모두 크고 작은 실패를 경험했다.

이승건 대표는 진정한 성공이란 실패가 주는 패배감을 진정으로 두려워하지 않을 때 시작된다고 말했다. 이처럼 성공한 이들이 일반적인 사람과 다른 부분은 실패를 극복하는 과정에서 깨달음을 얻고, 위기를 성장의 기회로 삼았다는 것이다. 어차피 사람은 경험을 통해 끊임없이 성장하는 존재다. 방향이 옳다면 계속 전진하면 된다. 단기적인 성과에만 집착하지 않고, 잠재된 가능성을 발견하는 장기적 안목을 키워야 한다.

우리는 실패에 대한 두려움, 무기력, 좌절감과 같은 부정적인 감정이 아닌, 희망감, 행복감, 성취감과 같은 긍정적인 감정에 초점을 맞출 필요가 있다. 잘난 사람이든 못난 사람이든 누구나 살면서 실패를 경험한다. 성공과 실패의 차이는 종이 한 장 차이다. 실패는 성공으로 가기 위한 과정 중의 하나일 뿐이다. 더군다나 실패를 통해 얻는 깨달음은 때때로 성공보다 더 값지다. 이처럼 실패를 바라보는 '마인드 셋'을 변화시킨다면 자기확신을 갖기 위한 토대가 마련된다. 어두운 면보다 밝은 면을 보아야 자신에게 잠재된 가능성을 더욱 확장하고 키울 수 있다.

심리학 이론 중에 '긍정심리학'이라는 분야가 있다. 긍정심리학은 긍정심리의 가치와 영향을 연구하는 학문이다. 긍정심리학은 인간의 잠재력과 행복 수준을 증가시키는 방법을 알려준다. 따라서 긍정심리학의 원리를 우리의 삶에 적용한다면 실패에 대처하는 마인드의 변화를 꾀할 수 있다.

긍정심리학의 대가 마틴 셀리그만Martin Seligman은 '학습된 무기력'이라는 개념을 강조하였다. 학습된 무기력은 우리가 실패하거나 극복할 수 없는 부정적인 상황에 계속해서 노출될 경우 발생한다. 대개 사람들은 이런 상황에서 어떤 시도와 노력도 결과를 바꿀 수 없다고 인지하게 되며 무기력해지게 된다. 어떤 노력을 기울여도 결과가 바뀌지 않다고 생각하기에 아무런 시도조차 하지 않는 것이다. 이렇게 학습된 무기력이 누적 반복되면 자신감과 자기확신이 결여된다. 결과적으로 무언가를 하겠다는 의욕이 상실되고 열등감과 우울감 같은 부정적인 감정이 밀려들게 된다.

셀리그만은 인간의 심리가 내적-외적, 영구적-일시적, 보편적-특수적 차원이 있다고 설명했다. 이중 학습된 무기력을 가진 사람의 심리는 내적-영구적-보편적으로 전개된다. 반면에 긍정심리를 가진 사람은 외적-일시적-특수적 관점을 가진다.

학습된 무기력을 가진 사람을 '부정이', 긍정심리를 가진 사람을 '긍정이'라고 가정해보자. 부정이와 긍정이는 지금까지 매번 똑같이 실패하는 연애를 경험하였다. 하지만 실패를 바라보고 해석하는 마인드는 서로 같지 않았다. 다음의 심리상태를 들여다보면 차이점이 분명하게 구분될 것이다.

부정이: 내가 부족하고 못났으니까 또 연애에 실패했겠지(내적). 앞으로 연애를 새롭게 시작한다 해도 언젠가 또다시 버림받게 될 거야(영구적). 연애는 나와 맞지 않아. 난 이성에게 매력 없는 사람이야(보편적). 계속 이렇게 상처받는 이별을 겪을 바엔 아무도 만나지 않는 게 좋겠어.

긍정이: 아직 내게 딱 맞는 좋은 인연을 못 만난 것뿐이야. 그 사람도 나도 어차피 서로 함께할 운명이 아니니 이별을 택한 것이겠지(외적). 이별의 아픔은 묻어두자. 결국 때가 되면 행복한 연애를 하게 될 시기가 찾아올 거야(일시적). 나는 솔직하고 세심한 매력을 갖고 있어(특수적). 다음 연애는 내 강점을 잘 발휘해서 반드시 성공할 거야.

부정이는 연애 실패의 사유를 모두 자신의 탓으로만 여기지만, 긍정이는 연애 실패의 사유를 외적인 요인으로 돌리고 있다. 이처럼 긍정심리학은 자신이 처한 상황을 어떻게 바라보고 해석하느냐에 따라서 결과값이 달라질 수 있음을 설명한다. 다시 말해서, 피하거나 극복할 수 없는 부정적인 상황에 거듭 노출되더라도 '학습된 무기력'과 '자책감'을 갖지 않는 것이 중요하다는 점을 보여준다.

긍정심리학은 실패의 원인을 외적-일시적-특수적 차원으로 규명하도록 돕는다. 쉽게 말해서, 부정적인 생각과 감정에 파묻히지 않고 긍정적인 심리에 초점을 맞추는 것이 긍정심리학이다. 자기 생각을 긍정적으로 변화시키면 실제 우리 몸의 세포들도 역시 건강한 세포로 변화한다. 그러므로 상황 자체가 부정적이어도 머릿속에서만큼은 긍정적인 단어와 표현을 사용하는 습관을 지녀보자. 우리 뇌에 입력된 긍정적인 정보는 잠재의식을 거쳐서 자기확신을 강화하는 연료로 사용된다.

긍정심리학의 원리처럼 실패를 바라보는 사고방식의 전환은 인생을 변화시킨다. 당신은 실패로부터 오는 패배감을 두려워하지 않아야 한다. 실패는 당신이 미처 신경 쓰지 못했던, '변수'와 '사각지대'를 조망하고 문제점을 개선할 기회를 부여한다. 그러니 인생에 실패가 찾아오더라도 대수롭지 않게 여겨보자. 실패에 대한 패배감이 아닌, 희망감을 가져보자.

자기 자신에 대한 확고한 믿음을 바탕으로 조금씩 시도하고 정진하다 보면 작은 성취감을 맛보게 될 것이다. 이 작은 성취감이 모이면 자기긍정과 자기확신이 쌓이게 된다. 그러니 일단 "못 먹어도 고!"를 외치고 시작부터 해보자. 당신에게 숨겨진 가능성과 잠재력의 힘을 믿고 나아간다면 어느새 누구보다 자기확신이 뚜렷한 사람으로 거듭날 것이다.

다중지능
이론

자기확신이 부족한 사람은 대체로 자신이 무능하다고 생각한다. 그래서 인생에서 몇 번 찾아오지 않는 소중한 기회를 놓치는 경우가 많다. 사회생활을 하다 보면 특정한 역할을 부여받거나 실력을 발휘하고 증명해야 하는 순간이 찾아온다. 누군가는 그 기회를 잡고 남들보다 앞선 성공을 거둔다. 반면에 자기확신이 부족한 사람은 자신이 무능하다는 생각에 사로잡혀 좀처럼 일을 떠맡지 않는다. 인생을 레버리지leverage 할 수 있는 좋은 기회가 찾아왔음에도 불구하고 의도적으로 회피하거나 놓쳐버리고 마는 것이다. 자기확신이 부족한 사람은 이렇게 기회를 다 놓치고 나서 이미 지나간 과거의 선택에 대해 후회한다.

물론 '나는 무능한 사람이야.'라고 생각하는 빈약한 멘탈이 괜한 말이 아니라 진심으로 팩트일 수도 있다. 실제로 공부도 운동도 사회생활도 어느 능력 하나 제대로 발휘하지 못하는 사람이 존재하기 때문이다. 하지만 단언컨대, 이 세상에 단 한 가지라도 재능이 없는 사람은 없다. 단지 자기 적성이나 재능을 미처 발견하지 못했거나 개발하지 못했을 뿐이다.

통상적으로 사회에서는 머리가 좋고 IQ가 높은 사람을 높게 평가하는 경향이 있다. 소위 '학창시절에 공부를 잘 한 사람은 지능도 높고 업무 능력도 뛰어날 거야.'라고 생각하는 탓이다. 그러나 이는 명백한 편견이자 착각이다. IQ(논리수학지능)는 인간이 가진 여러 가지 지능 중 하나일 뿐이다. 어느 정도 사회생활을 해본 사람이라면 생각보다 IQ와 업무 능력 간의 상관관계가 크지 않다는 것을 잘 알 것이다. 즉, 공부 능력과 업무 능력(상황판단력, 리더십, 영업력 등)이 속한 차원은 분명히 다르다.

이렇게 기존의 IQ만으로는 설명하기 힘든 지능의 영역을 보완하기 위해 등장한 개념이 EQ(감성지능)다. 하지만 정서적 면에서의 지능을 나타내는 EQ 역시 인간의 지능과 능력을 모두 포괄하기에는 부족함이 있었다. 이에 미국 하버드대학교 교수이자 인지 심리학자인 하워드 가드너Howard Gardner는 다중지능이론이라는 개념을 창시했다. 다중지능이론이란 사람마다 상대적으로 우월한 중요성을 갖는 다차원적인 능력과 지능을 보유하고 있다는 이론이다.

가드너의 다중지능이론은 IQ와 EQ가 포함하지 못하는 지
적 능력의 사각지대를 다양한 관점에서 설명한다. 다중지능이
론에 따르면 인간의 능력은 서로 독립적으로 나타난다. 인간
의 능력(지능)은 언어와 수학적 지능 외에도 공간지각, 신체운
동, 대인관계, 음악, 자기성찰, 자연친화, 실존 등 아홉 개의 다
양한 지능을 바탕으로 표출된다. 다음의 표를 통해서 각각의
지능에 대한 정의와 특징을 살펴보자.

다중지능이론의 유형과 정의

유형	정의	대표직업
언어지능	말이나 글을 통하여 언어를 효과적으로 구사할 수 있는 능력	작가, 칼럼니스트, 시인, 정치가, 웅변가, 언론인
논리수학지능 (IQ)	논리적.수학적으로 사고하는 능력	과학자, 수학자, 의사, 개발자
음악지능	음감이 좋고 소리를 분석하며 창조하는 능력	작곡가, 가수, 성악가, 연주자, 음성학자
신체운동지능	몸을 컨트롤하고 표현하는 능력	행동 예술가, 안무가, 운동선수
공간지능	그림, 조형물, 지리와 같은 공간을 분석하고 시각적으로 표현하는 능력	건축가, 예술가, 장식가, 발명가, 지리학자

인간친화지능 (공감지능)	타인의 감정과 행동을 이해하고 효과적으로 상호작용하는 능력	정치가, 종교인, 마케터, 교사
자기성찰지능	자기 심리와 정서를 파악하고 표출하는 능력	소설가, 상담가, 임상학자
자연친화지능	자연과 상호작용하여 주변 사물을 관찰하고 분석하는 능력	자연과학자, 공학자, 생물학자, 동물학자, 고고학자
실존지능 (영적지능)	인간 존재의 이유, 삶과 죽음, 희로애락, 본성 등 철학적이고 실존적인 사고를 할 수 있는 능력	종교인, 철학자, 사상가, 심리학자, 라이프 코치

사람마다 흥미·적성이 다르듯이 지능도 다양한 영역이 존재한다. 가드너의 연구에 의하면 모든 사람은 개인마다 편차가 있긴 하지만 아홉 개의 지능을 모두 갖고 있다. 또한 IQ가 낮거나 장애를 가진 사람일지라도 특정 유형의 지능이 높게 나타날 가능성을 충분히 갖고 있다고 설명한다.

따라서 특정 지능 한 가지만으로는 절대 사람의 능력을 평가하고 일반화할 수는 없다. 게임마다 캐릭터가 가진 능력치가 다르다. 축구에서도 선수마다 역할과 포지션이 다르다. 이처럼 사람은 각자 잘할 수 있는 역할과 능력이 있다. 고로 자신이 무능하다는 생각이 든다면, 다중지능이론의 개념을 상기시켜보자.

소위 위대한 성공을 거둔 이들의 대다수는 자신이 가진 강점을 극대화하고 활용하는 방법을 알았다. 다른 약점이 있어도 크게 신경 쓰지 않고 강점 하나를 제대로 키워서 우뚝 선 것이다. 일례로, 연예인들은 아무리 사건·사고가 많아도 본업인 노래나 연기를 잘하는 경우 대중들로부터 호평받는다. 이는 강점이 부각되면서 과거의 실수나 잘못과 같은 약점이 상쇄되는 효과가 생겼기 때문이다.

　강점은 나도 인정하고 타인도 인정하는 자기만의 고유한 재능이다. 자기만의 강점을 제대로 알고 활용할 줄 아는 사람은 타인과의 비교에서 오는 열등감이 낮아지고 자존감은 높아질 수밖에 없다. 그러니 당신이 보유한 다중지능 중 가장 우수한 영역이 무엇인지 확인한 후 자기만의 강점을 최대한 발휘해보자.

　당신은 분명 당신만이 가진 고유한 지능과 강점이 있다. 단지, 아직 자기 잠재력을 깨닫지 못했을 뿐이다. 그 능력을 찾고 개발한다면 충분히 당신의 재능과 뜻을 펼칠 수 있다. 자기만의 강점을 발휘할 수 있는 무기를 찾고 강화해 나간다면 자기확신 역시 점차 강화될 것이다.

코칭 플러스 강점 진단 테스트

아무리 생각해도 자기 강점을 도무지 잘 모르겠다면 강점 진단 테스트를 받아보자. 소개하는 사이트는 모두 무료이니 마음 편히 테스트해보자. 강점 확인은 무료 검사만으로도 충분하니 굳이 유료 서비스를 받지 말자.

---

① 다중지능 검사: multiiqtest.com

하워드 가드너의 다중지능이론을 기반으로 한 다중지능 검사 사이트이다. 총 56문항에 대한 설문 응답을 통해 다중지능을 측정할 수 있다.

② VIA 강점 설문조사: viacharacter.org

VIA 성격 연구소에서 운영하는 해외 사이트로 10분 안에 검사 결과를 확인할 수 있다. 간단히 이메일 주소와 이름과 같은 정보만 입력하고 테스트를 진행하면 된다. 영어가 어렵다면 번역기 기능을 활용해 보자. 물론 검사 진행 시 한국어 선택도 가능하다.

③ 워크넷 성인용 직업적성검사: work.go.kr

고용노동부에서 운영하는 적성검사이다. 검사 결과를 토대로 적성에 맞는 직업 분야를 추천한다. 검사 대상은 만 18세 이상이며 워크넷 회원 가입 후 무료로 진행할 수 있다. 검사 시간은 약 80분 정도 걸린다.

당신을 창조하는 것은 당신 자신이다.
자기긍정예언은 불확실한 가능성으로만 존재하는
인생의 운과 기회를 현실로 끌어당긴다.

4 단계 자기긍정예언

자기확신으로 생긴 믿음과 기대는 자기긍정예언을 통해 현실로 구현된다. 자기긍정예언은 당신의 잠재의식을 긍정적으로 변화시킨다. 변화된 잠재의식은 당신이 바라는 삶을 새롭게 창조한다. 그러니 이제 당신이 지닌 잠재의식에 '긍정예언' 이라는 주문을 걸어보자.

인생의 운과 기회를
끌어당기는 방법

'말이 씨가 된다.'는 옛말이 있다. 이는 우리가 평상시에 무심코 뱉은 말이 마침내 사실대로 이루어졌을 때를 뜻한다. 예를 들어, "그 일이 잘 안될 것 같아.", "설마 정말 그렇게 되려나."와 같은 말이 씨가 되어 현실로 나타나는 것이다. 이처럼 우리는 평상시에 자신의 의도와 무관하게 미래를 예측하는 자기예언을 종종 한다. 자기예언이란 자신에게 앞으로 다가올 일을 미리 짐작하여 말하는 것이다. 무심코 뱉은 말 한마디가 생각을 변화시키고 운명을 바꾸듯이 자기예언은 생각보다 꽤 높은 확률로 적중한다.

당신이 무의식적으로 뱉은 말이 부정적이냐 긍정적이냐에 따라서 인생의 결괏값이 달라질 수 있다. 미래를 긍정적으로 전망하면 좋은 결과를 낳고, 부정적으로 전망하면 나쁜 결과를 낳는 것이다. 따라서 당신이 바라는 긍정적인 결과를 얻기 위해서는 자신의 장래를 밝고 긍정적으로 예언해야 한다. 즉 자신의 잠재의식에 '긍정예언'이라는 주문을 걸어주는 것이다. 이 개념이 바로 자기초월의 4단계 법칙 '자기긍정예언'이다. 자기긍정예언은 불확실한 가능성으로만 존재하는 인생의 운과 기회를 현실로 끌어당긴다. 그럼, 이제 자기긍정예언이 어떠한 원리로 이뤄지는지 알아보자.

자기긍정예언이 이뤄지는 원리

전통 과학에서 말하는 진리란 육안으로 무조건 관측되고 입증될 수 있는 사실에 국한된 것이었다. 대표적으로 뉴턴의 운동법칙으로 대변되는 고전역학의 관점에서는 인간세계에 존재하는 모든 현상을 원인과 결과가 명확하고 객관적으로 측정할 수 있는 것으로 보았다.

반면에 현대과학의 산물인 양자역학은 우주상에 존재하는 모든 현상이 원인과 결과가 불명확하고 객관적으로 측정할 수 없다고 여겼다. 양자역학의 관점은 '하이젠베르크의 불확정성 원리'로 증명되었다. 불확정성 원리는 존재하는 모든 것은 그것을 관측하고 측정하기 전까지 어떤 상태로 존재하는지 알 수 없다는 사실을 밝혀냈다.

이처럼 고전역학은 인과관계에 의한 결정론적 관점을 취하고 양자역학은 불확정성에 의한 확률론적 관점을 취한다. 양자역학에서는 물질과 정신을 포함해 우주상에 존재하는 모든 것을 에너지로 정의한다. 에너지는 원자와 전자로 구성된다. 인간의 몸과 마음 역시 원자와 전자로 구성된 에너지 덩어리다.

과학자들은 에너지가 파동성과 입자성의 양면적인 속성을 지닌다는 것을 입증했다. 에너지를 구성하는 파동과 입자는 정체되지 않은 채 여기저기 움직이는 특성을 가진다. 즉 우주를 구성하는 에너지는 시공간의 차원을 무시하고 다차원적으로 얽혀있다. 시간, 장소, 때를 가리지 않고 언제 어디서나 랜덤한 상태로 위치한 것이다. 따라서 우주는 무한한 가능성을 지닌 에너지가 동시다발적으로 존재하는 곳이다.

한편 에너지는 우리가 그것을 관측하는 순간 파동이 아닌 입자 상태로 존재하게 된다. 관측행위 자체가 에너지가 가진 파동성을 붕괴시키는 까닭이다. 에너지는 관측이라는 변수가 개입된 순간 일종의 상호작용을 이룬다. 상호작용을 이룬 에너지는 최초의 상태가 변화되고 우리가 관찰 가능한 하나의 현상으로 나타나게 된다.

도대체 이 이야기가 자기긍정예언과 무슨 상관이지? 갑자기 과학적인 이야기가 나와서 잘 이해가 안 가고 혼란스러운 사람이 있을 것이다. 지금까지 말한 내용을 다시 정리해보자.

현대과학의 산물인 양자역학 이론은 인류에게 새로운 진리를 전해주었다. 양자역학 이론에 따라 존재하는 모든 것은 에너지로써 불확정적인 가능성의 범주에 속해있다.

인간의 의식도 에너지로 존재하며 각자만의 고유한 파동과 입자를 가지고 있다. 에너지는 관측되는 순간 상호작용을 일으키고 상태변화가 생긴다. 고로 우리의 의식이 동반된 관측행위는 존재하는 현상세계와 상호작용하며 영향을 미친다. 즉 우리의 믿음, 기대, 상상과 같은 잠재의식의 에너지를 끊임없이 관찰하면 실제 우리가 존재하는 현실에 확정되어 나타난다.

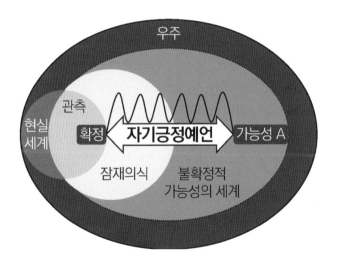

자기긍정예언은 바로 이러한 의식 에너지의 특성을 이용하는 것이다. 위의 그림을 살펴보자. 잠재의식을 긍정적으로 변

화시키면 의식 에너지의 주파수(파동)와 상태(입자)가 바뀐다. 변화된 잠재의식은 유사한 파동과 입자를 지닌 에너지와 공명(입자 간에 주파수와 파동이 일치하여 하나의 증폭된 입자로 나타나는 현상) 하여 잠재된 가능성을 현실로 끌어당긴다.

잠재의식으로 무언가를 관측하는 행위는 우주에 존재하는 수없이 다양한 가능성 중 하나를 선택하여 보는 것과 같다. 잠재의식을 통해 불확정적인 가능성 중 하나(가능성 A)를 연속해서 뚜렷이 관측하면, 우리가 살아가는 현실세계에 실제 확정된 상태로 투영되는 것이다.

자기긍정예언의 4대 원칙

현대심리학은 긍정적인 감정이 우리 뇌의 잠재력을 활성화한다는 사실을 밝혀냈다. 당신은 자기긍정예언을 통해 자신의 잠재의식에 긍정적인 방향성과 에너지를 심어줄 수 있다. 자기긍정예언은 당신의 잠재의식에 지속적인 긍정 명령어를 입력하는 것과 같다. 자기긍정예언이 활성화되면 아무리 부정적인 상황에서도 모든 것이 잘 풀릴 것이라는 확실한 믿음과 생각을 끊임없이 생산한다. 설사 부정적인 연상과 이미지가 떠오른다 해도 금세 자동으로 '새로고침' 해주기 때문이다. 이렇게 자기긍정예언을 통한 의식의 선순환 흐름을 만들면 생각이 낙천적으로 전환하게 된다. 한 번 바뀐 생각의 흐름은 크게 변화되거나 흔들리지 않는다.

일수사견一水四見이라는 사자성어가 있다. 이는 하나의 물을 네 가지로 본다는 뜻이다. 즉, 동일한 현상도 보는 이의 시각에 따라서 다르게 경험하고 해석할 수 있다는 말이다. 우리는 자신에게 주어진 상황을 객관적 관점이 아닌 주관적 관점으로만 해석하고 받아들이는 경향이 있다.

자기긍정예언이 원활히 작동되기 위해서는 주어진 상황을 곧이곧대로 받아들이지 않고 긍정적으로 재해석하는 연습이 필요하다. 아무리 부정적인 상황이라도 말이다. 자신에게 주어진 상황을 부정적으로만 받아들이면, 내면의 잠재의식이 부정적인 명령어를 입력하고 현실로 출력하게 된다.

누구에게나 자신의 인생을 크게 변화시킬 운과 기회가 찾아온다. 자기긍정예언은 당신의 인생에 운과 기회가 찾아올 확률을 대폭 증가시켜준다. 그러니 이제 당신도 자기긍정예언의 힘을 믿고 자신에게 주어진 모든 일을 긍정적으로 생각해보자. 속는 셈 치고 한번 믿어보자. 어차피 다른 누구도 아닌 자기 자신에게 갖는 믿음이니 물질적으로는 손해 볼 것도 없다.

자기긍정예언이 이루어질 것이라고 믿으면 언젠가 반드시 현실로 되돌아온다. 당신의 믿음이 당신의 행동에 영향을 미치기 때문이다. 반복된 믿음은 습관이 되고 습관이 반복되면 행동으로 변화된다. 다시 말해, 당신이 하는 행동은 당신이 가진 기대치를 충족시키기 위해서 믿음을 따른다. 잠재의식의 믿음과 기대를 반영한 자기긍정예언은 당신의 현재의식을 거쳐 변화된 현실을 창조한다.

앞서 다뤘던, 자기긍정예언이 작동되는 원리를 다시 한번 상기시켜보자. 그 다음 자기긍정예언으로 당신이 바라는 이상적인 결과를 현실로 끌어당겨보자. 잠재의식의 변화가 당신이 원하는 현실을 창조한다는 사실을 기억하자.

단, 자기긍정예언의 효과를 제대로 보기 위해서는 다음 '자기긍정예언의 4대 원칙'을 명심하고 준수해야 한다. 나는 자기긍정예언의 4대 원칙을 약자로 '선실신기'라고 부른다.

» 1원칙. 선견

자기긍정예언은 자신이 바라는 모습을 미리 구체적으로 떠올리고 연상하는 선견을 할 때 이뤄진다. 선견이란 미래에 구현될 수많은 가능성을 예측함과 동시에 현실로 다가올 장면을 관측하는 일이다.

» 2원칙. 실천

자기긍정예언으로 바라는 결과가 있다면, 실제 그 결과와 관련되는 과정들을 실천해야 한다. 결과와 과정이 결부되지 않고, 믿음이 행동으로 변화되지 않으면 예언은 적중하지 않는다.

» 3원칙. 신념

자기긍정예언은 변함없이 확고하고 굳게 믿는 마음의 에너지를 반영한다. 굳은 신념이 없으면 자기긍정예언은 이루어지지 않는다. 자신이 가진 잠재력과 가능성을 의심하고 부정적인 생각과 감정을 확장한다면, 자기긍정예언이 아닌 자기부정예언이 이뤄진다.

» 4원칙. 기정사실화

자기긍정예언은 믿음의 차원을 넘어서 이미 결정된 사실로 받아들여야 한다. 당연한 것에 욕망과 집착을 가져서는 안 된다. '어떻게든 될 거야.'가 아니라 '그냥 당연하게 일어날 현실이야.'라는 초연한 마음을 갖는 것이 중요하다. 마치 날마다 반복되는 루틴을 실행하는 것처럼 말이다.

무스펙 취준생
취업성공기

자기긍정예언은 실로 놀라운 효과를 발휘한다. 나는 실제 인생을 살면서 자기긍정예언의 효과를 톡톡히 누렸다. 무엇보다 삶의 매 순간을 긍정적으로 받아들이는 마음가짐의 전환은 내게 정신적인 평화와 안정을 안겨주었다.

나는 어려운 일이 닥쳤을 때, 기대보다 좋지 못한 결과가 나왔을 때, 생각했던 대로 일이 잘 풀리지 않을 때, 무조건적 자기긍정예언을 통해 상황을 긍정적으로 받아들이고 낙관적인 미래를 예상하였다. 남들 모두가 아니라고 또는 불가능하다고 외쳐도 자기긍정예언의 힘을 믿고 묵묵히 앞으로 나아갔다.

스무 살 이후로 내 꿈은 배우가 되는 것이었다. 그래서 나는 20대 중반까지 학교 수업과 연기 수업을 병행하며 배우 지망생의 삶을 살았다. 꿈을 이루기 위해 내 모든 열정을 불태웠지만 중도에 포기하고 말았다. 연기연습을 하던 중 강력한 현타가 찾아왔기 때문이다. 어느 날, 연기 선생님이 "지금 바로 오열하면서 울어보세요."라는 요청을 했다. 그 말을 듣자마자 나를 제외한 다른 모든 학생이 갑자기 애처롭게 울부짖었다. 충격적이었다. 나는 인위적으로 조건 지어진 상황에서 순간적인 감정을 끌어내고 몰입하기 힘들었다. 한마디로 나는 연기에 재능이 없었다. 그날 이후로 배우의 꿈을 접어야겠다는 생각이 들었다. 거의 7년간 배우가 되기 위해 매달렸지만, 이 길이 진정 내 길이 맞는가에 관한 의문이 들었다. 게다가 다시 생각해보니, 배우라는 직업 자체는 주체적이고 자유로운 삶을 원하는 내 성향과 맞지 않았다. '도대체 지금까지 왜 이 길을 걸어왔을까?'라는 생각이 들었다.

결국 나는 뒤늦게나마 배우가 되겠다는 꿈을 포기하고 일반 회사에 취업하기로 마음먹었다. 그러나 오랜 기간 배우 지망생으로만 살았던 탓에 취업과 관련된 준비가 전혀 되어있지 않았다. 게다가 학교도 지방대 출신에 토익, 어학연수, 인턴 경험과 같은 기본적인 스펙도 전무했다. 당연하게도 주변 사람들은 모두 내게 취업이 어려울 것이라고 말했다.

하지만 나에겐 뚜렷한 자기확신이 있었다. 그래서 현재 주어진 상황에서 할 수 있는 최선의 노력을 다하기로 마음먹었다. 아직 졸업 전까지는 1년이라는 기간이 남아있었다. 나는 부정적인 상황에만 포커스를 두지 않고, 무조건 내가 원하는 괜찮은 기업에 취업한다는 강력한 믿음을 가졌다.

　나는 최악의 상황에서도 자기긍정예언의 힘을 믿고 나 스스로 한계를 정하지 않았다. 그냥 무조건 잘 될 수밖에 없다고 생각했다. 아니, 정확히 말하면 믿음의 차원을 벗어났다. 그냥 너무나 당연하게 결정된 기정사실로 받아들였다. '내 뜻과 비전을 펼칠 수 있는 일을 한다.'라고 늘 자기암시 하였다. 그 결과는 과연 어땠을까? 자기긍정예언은 내가 생각하고 원했던 것보다 그 이상의 것을 내게 가져다주었다.

　자기긍정예언은 내 인생의 새로운 운과 기회를 창출하였다. 대학교 4학년이 되던 무렵 평소에 나를 괜찮게 봐주시던 교수님의 추천서를 받았다. 나는 이 추천서를 바탕으로 운이 좋게 다른 대학에서 주최한 영어 캠프 프로그램에 참여하게 되었다. 영어 캠프에서 약 한 달간 집중적으로 영어 스터디를 한 덕분에 토익점수를 대폭 향상시킬 수 있었다. 또한 여름방학 기간에는 인턴 경험도 쌓게 되었다. 군대에서 행정병으로 근무했던 이력을 좋게 봐줘서 HR 컨설팅 회사와 사회적기업 두 곳에서 근무했다.

　자기긍정예언의 운은 계속되었다. 하루는 토익시험을 마치고 돌아가던 중 우연히 고등학교 친구와 마주치게 되었다. 친구와 오랜만에 만나서 서로 근황 토크를 주고받던 중 평소에 관심 있던 HR 분야와 연관된 기업 채용정보를 접하게 되었다.

그곳은 경기지역의 경제발전을 도모하기 위하여 설립된 공익 경제단체로 인사·노무를 비롯한 인적자원개발 서비스를 제공하는 기관이었다.

때마침 기관에서는 채용 전제형 인턴직 한 명을 뽑고 있었고 나는 주저 없이 입사 지원하였다. 다행히 운 좋게 면접 기회가 왔고 어차피 떨어져도 좋다는 생각으로 당당하게 면접에 임했다. 나는 면접에서 나의 강점을 기반으로 회사에 기여할 수 있는 부분을 확실하게 어필하였다. 결과는 합격이었다. 최초 취준 당시 무스펙 지방대 출신에 배우 지망생에 불과했던 사람이 이룬 결과치고는 괜찮은 성과였다.

결과적으로 나는 대학교 졸업 직후인 만 스물여섯 살의 나이에 최소한의 스펙으로 별도의 공백기 없이 바로 취업하게 되었다. 비록 취업한 일자리는 다시 인턴직이었지만, 부정적인 생각은 일절 하지 않았다. 회사생활을 하는 동안 내내 자기 긍정예언의 힘을 믿고 활용하였다.

자기긍정예언은 내게 강력한 동기부여와 추진력을 선물해 주었고 위기 속에서도 새로운 기회를 엿보게 했다. 결국 나는 이를 발판 삼아 인턴에서 정규직으로 전환되었다. 그뿐만 아니라 3년 만에 팀장을 달았고, 다시 3년 만인 서른두 살의 최연소 나이에 본부장까지 초고속 승진하였다.

해마다 연봉도 10%~20% 이상 압도적인 인상을 이뤄냈다. 나는 이른 나이에 동종업계 최고 수준의 연봉을 받으며 성공적인 커리어를 쌓았다. 하지만 이후에도 현실에 안주하지 않았다. 주어진 직급과 권한을 바탕으로 회사와 나를 성장시킬 수 있는 일이라면 무엇이든 실행하였다. 남들이 모두 불가능한 일이라고 말해도 자기긍정예언의 힘을 믿고 나아갔다. 어떠한 문제가 발생해도 해결책은 있고 무조건 성공한다는 생각을 가졌다. 그 결과 정부로부터도 대내외적인 성과와 공로를 인정받았다. 본부장으로 승진한 해에 '일자리 창출 유공 장관 표창'까지 수여 받는 영광을 누렸다.

앞서 제시한 '자기긍정예언의 4대 원칙'이 기억나는가? 나는 언제나 내 인생에서 선실신기의 원칙을 준수하였다. 나는 이 원칙을 바탕으로 무스펙 취준생의 한계를 뛰어넘는 최선의 결과를 보상받았다. 이제 당신도 선실신기를 통해서 자기긍정예언의 효과를 최대한 누려보자.

신인합일

　자기긍정예언은 항상 내가 생각하고 원했던 것보다 그 이상의 것을 내게 가져다주었다. 나의 믿음은 잠재의식과 혼연일체 되었고 내가 바라는 그 이상의 것들을 창조하였다. 마치 신이라도 된 기분이었다. 잠재의식의 힘을 활용하여 원하는 삶을 현실로 끌어당기는 느낌, 이 느낌은 '창조자'가 되었다는 말 밖에는 달리 설명할 방법이 없었다. 하느님과 부처님, 그 누구도 아닌 나를 진정으로 믿었을 뿐인데 매번 좋은 결과가 따라왔다. 결과가 좋으니 계속해서 '자기긍정예언'을 실천하지 않을 이유가 없었다.

　무협 용어엔 신검합일身劍合一이라는 말이 있다. 신검합일은 사람이 곧 칼이고 칼이 곧 사람이 되는 검술의 최고 경지를 뜻한다. 비슷한 의미로 신인합일神人合一이라는 말도 있다. 신인 합일은 신과 인간이 서로 별개가 아니라 하나라는 뜻이다.

우리는 생각보다 우리 자신에게 관대하지 못하다. 우리는 자신이 가진 고유한 잠재력과 가치를 저평가하는 경향이 있다. 그러나 우리 모두는, 마치 신과 같이 무한한 가능성과 잠재력을 지니고 있다. 단지 아직 그 능력을 알아채지 못하고 있을 뿐이다. 우리는 신처럼 우리가 원하는 현실을 스스로 창조할 수 있다. 그 방법은 바로 신인합일의 마인드를 주입한 자기긍정예언으로 우리에게 잠재된 의식의 힘을 활용하는 것이다.

인간의 뇌는 현실과 상상을 구분하지 못한다. 지금 당신의 머릿속에서 그리는 것이 현실이든 상상이든, 뇌는 동일한 신경회로를 통해 정보를 받아들이고 처리한다. 당신이 원하고 필요로 하는 모든 것을 다 갖췄다고 느끼면 뇌는 착각에 빠진다. 착각에 빠진 뇌는 당신이 상상한 이미지의 '나'와 일체화된다. 그 순간 뇌는 창조된 '나'가 실제로 구현할 법한 생각과 행동을 하도록 우리 몸의 각 신체기관에 명령을 내린다.

자기긍정예언의 핵심은 신인합일의 마인드를 갖는 것이다. 당신이 원하는 모습과 이미지를 연상하면서 이미 모든 것을 다 가지고 이룬 사람처럼 행동해보자. 그저 '믿는 것'이 아니라 그냥 당연하게 일어날 '사실'이라고 여겨보자. 선실신기의 원칙 중 4원칙인 기정사실화처럼 말이다. 매일매일 매 순간이 내 인생의 하이라이트라고 생각하며 인생을 즐겨보자. '나는 아무런 부족함이나 결핍감이 없는 완전한 사람이다.'라는 텐션으로 지금 이 순간을 살아보자.

신은 모든 사람의 소원을 들어주지 않고 자신이 생각하고 원하는 현실을 창조한다. 위대한 예술가 역시 마찬가지다. 대중의 입맛을 따라가기보다 자신이 보여주고 싶은 세계관을 반영해 기존에 없던 혁신적인 작품을 창조한다. 그런데도 다수의 추종자와 팬을 양산하고 확보한다. 이처럼 자기 인생에서 팔로워가 아닌 리더의 마인드를 갖는 것이 바로 창조의 핵심이다.

진정한 자기 창조는 오직 자신이 가진 고유한 역량과 믿음에서 비롯된다. 즉, 자기 창조의 원천은 당신의 잠재의식으로부터 나온다. 자신이 아닌 타인의 잠재의식에 내재한 신념을 추종하면 역효과가 생긴다. 단순히 '남들이 원하니까 나도 해야지.'라는 수동적 경향은 자기긍정예언의 실현 가능성을 떨어뜨린다. 설령 그 믿음이 이뤄진다 해도 진짜 자기가 원했던 현실이 아니므로 불행을 느끼게 된다.

당신을 창조하는 것은 당신 자신이다. 당신이 당연하게 받아들이는 믿음은 창조의 에너지로 전환되어 당신이 원하는 삶을 현실로 구현한다. 그러니 신인합일의 마인드로 자기만의 고유한 능력을 펼치고 증명해 보자. 이 글을 읽는 지금부터 당신이 원하는 현실을 끌어당기기 위한 자기긍정예언을 실천해보자. 자기 미래를 비관적으로 전망하는 자기부정예언은 부정적인 결과만을 초래할 뿐이다.

지금까지 충분히 설명했음에도 아직 자기긍정예언이란 말이 낯설고 크게 와닿지 않는 사람이 있을 것이다. 또한 자기긍정예언의 효과를 뒷받침하는 근거가 부족하다고 여길 수도 있을 것이다. 그렇다면, 다음에 소개할 방법과 사례를 살펴보고 다시 한번 판단해보자.

이미지 힐링: 원하는 장면의 시각화

자기긍정예언을 실천함에 있어 이미지 힐링Image healihg 기법은 효과가 크다. 이미지 힐링은 자기 인생에서 가장 바라고 염원하는 이미지(장면)들을 구체적으로 시각화하여 뇌 속에 각인시키는 것이다. 이미지 힐링은 운동선수들이 행하는 이미지트레이닝과 비슷하다. 뇌에 긍정적인 이미지를 계속 심어주면서 기존에 갖고 있던 부정적인 이미지를 필터링해주는 효과가 있기 때문이다.

인간의 뇌는 특정 정보를 시각화하면 더 오래 기억하며 상상하는 방향대로 움직인다. 뇌에는 감각 정보를 전달하는 '망상 활성계'라는 신경계가 존재하기 때문이다. 망상 활성계는 뇌의 각성, 흥분, 집중의 정도를 감지하는 기능을 담당한다. 쉽게 말해서 우리가 가진 생각과 신념에 따라서 필요하다고 생각되는 정보만을 추출하는 필터링 역할을 수행한다. 그러니 이미지 힐링을 통해 당신의 머릿속을 긍정적인 이미지로 가득 채워보자. 이미지 힐링을 하는 방법은 매우 심플하다. 다음의 순서대로 따라 하면 된다.

① 하루에 한 번, 또는 일주일에 한 번 정도 자신이 원하는 모습을 모두 이룬 이미지를 연상하고 떠올린다. 눈을 감고 자신의 꿈이나 목적, 목표, 행복 등을 시각화해본다.
② 떠올린 이미지의 느낌을 만끽한다. 가능하다면 오감을 모두 사용하여 느껴본다. 어떤 것이 보이고 들리는지, 향은 어떤지, 맛이나 감촉은 어떤지 충분히 느껴본다.
③ 원하는 것을 이미 다 가진 느낌으로 충만해질 때까지 그대로 머문다.

만약에 이미지를 상상하고 떠올리는 것이 힘들다면 비전보드를 만들어 보는 것도 좋다. 비전보드는 자신의 꿈과 비전을 대표하는 이미지를 사진, 그림, 글과 함께 콜라주 하여 시각화하는 작업이다. 비전보드의 장점은 온오프라인 구분 없이 어떤 형태로든 만들 수 있다는 점이다. 특히 비전보드를 전자파일 형태로 만들어 놓으면 언제 어디서나 수시로 수정하고 관리하기가 편하다. 개인 홈페이지나 블로그, 인스타그램, 노션

등의 플랫폼을 사용해 저장하고 관찰하는 것도 좋다.

나 역시 비전보드를 만들어서 이미지 힐링을 꾸준히 실천하고 있다. 다음의 그림은 나의 비전보드를 반영한 이미지다. 해당 이미지를 참고하여 당신만의 비전보드를 완성해보자.

이미지 출처: 픽사베이

비전보드를 만들었다면 당신이 편하게 매일 볼 수 있는 곳에 놓아두는 것이 좋다. 예를 들면, 집 안 거실이나, 침대 협탁, 휴대폰 배경 화면과 프로필 사진 등 접근성이 좋은 곳에 놓아두고 꾸준히 보는 것이다. 비전보드는 지속적인 이미지 힐링을 통해 당신의 잠재의식에 꿈을 각인시킨다. 다음의 질문에

대한 답을 찾고 당신의 비전보드에 반영해보자.

① 내가 생각하는 행복한 삶이란 무엇인가?
② 내가 존경하는 롤모델은 어떤 삶을 살고 있는가?
③ 직업적으로 성공한 삶은 어떤 모습인가?
④ 나는 다른 사람들에게 어떤 존재로 각인되고 싶은가?
⑤ 만약 절대로 실패하지 않는다면 가장 하고 싶은 일이 무엇
  인가?

이미지 힐링은 언제 하는 것이 가장 효과가 뛰어날까? 답은 잠들기 직전이다. 우리 뇌는 잠에 빠져들 때 현재의식과 무의식의 경계에 존재하는 잠재의식의 상태에 놓인다. 바로 이때 뇌는 세타파를 통과한다. 세타파는 4~7Hz 주파수 대역에 해당하는 뇌파다. 세타파는 주로 깊은 수면 상태가 아닌 렘수면 상태에서 발생한다. 이처럼 세타파는 잠재의식 차원에 존재하므로 이미지 힐링 역시 세타파와 함께할 때 가장 큰 공명을 이룬다.

세타파는 꿈을 꾸거나 명상을 하는 동안 발생하는 뇌파다. 세타파는 수면 중에 현재의식에서 학습한 기억을 공고화하고 보존하는 역할을 담당한다. 따라서 잠들기 직전에 실천하는 이미지 힐링은 우리의 잠재의식에 깊이 각인된다. 앞서 설명했듯이, 잠재의식은 우리의 꿈, 상상, 영감과 같은 의식 차원을

담당한다. 잠재의식은 당신이 지각하지 못하는 사이에 당신이 만든 상상 속 이미지를 현실로 구현하기 위해 끊임없이 가동된다. 그러니 이제 당신도 이미지 힐링을 실천해보자. 이미지 힐링은 당신의 잠재의식을 활성화하고 자기긍정예언이 작동하는 스위치를 켤 테니 말이다.

자기암시: 반복적인 믿음의
현실화

　자기암시 역시 이미지 힐링과 마찬가지로 자기긍정예언을 돕는 도구로 작용한다. 이미지 힐링이 자기긍정예언을 실행하기 위한 설치 프로그램이라면, 자기암시는 자기긍정예언을 자동화하는 프로그램과 같다. 당신의 현실은 타인의 강제와 명령, 그리고 자신의 이성적 판단과 상관없이 자기 자신에게 계속 반복하는 말로 구축된다. 이렇게 무비판적·반복적으로 떠올리는 말을 뇌에 입력하는 행위를 자기암시라고 한다.

　당신이 생각하는 믿음은 자기암시를 통해 강화된다. 특정한 말을 머릿속에 반복적으로 주입하다 보면, 그 말이 당신의 잠재의식에 뿌리를 내린다. 결과적으로 자기암시는 잠재의식을 변화시킨다. 변화된 잠재의식은 다시 당신이 입력한 말을 실제 당신이 생각해낸 것과 같이 믿도록 만든다.

플라시보&노시보

누구나 한 번쯤 플라시보 효과Placebo effect라는 말을 들어본 적이 있을 것이다. 플라시보 효과란 어떤 일이 실제 이루어질 것이라는 반복적인 믿음과 기대감이 실제 현실화되는 현상을 말한다. 플라시보를 한마디로 표현하자면 위약효과다. 위약효과는 환자가 아무런 효과가 없는 가짜 약을 먹고도 병이 호전되는 현상을 말한다. 연구에 따르면 플라시보의 유효율은 약 30% 수준이다. 플라시보 효과는 실제 사람이 가진 긍정적인 믿음과 기대가 얼마나 현실적으로 효과가 있는지 보여준다.

플라시보 효과와 정반대의 개념으로 노시보 효과Nocebo effect가 있다. 노시보 효과는 환자가 약의 효능을 의심하거나 믿지 못해서 진짜 약을 먹어도 약효가 나타나지 않는 현상을 말한다. 노시보 효과는 파급력이 크다. 약의 부작용에 대한 믿음을 가지면 가짜 약을 먹어도 없던 병이 생기거나, 죽음까지 이르는 경우도 발생하기 때문이다. 노시보는 플라시보와 달리 의심이나 염려가 실제로 부정적인 결과를 가져온다는 것을 여실히 보여준다. 다음의 실험사례를 통해 플라시보와 노시보의 차이점과 효과에 대해 파악해보자.

〈플라시보 효과〉

KBS 스페셜 '화장품 회사가 알려주지 않는 진실' 편에서는 고
가 화장품과 저가 화장품의 효능이 체감상 차이가 있는지 실
험하였다. 실험 참가자들은 화장품의 색상과 향만 다르게 조
정한 화장품 A와 B, 두 개를 지급받았다. 두 화장품의 성분배
합은 똑같았지만, 제작진은 화장품 A를 저가로 B는 고가로 소
개하였다. 실제 효능이 똑같음에도 불구하고 실험 참가자들
전원은 고가로 소개한 B 화장품이 보습과 피부 개선 효과가
더욱더 크다고 응답했다.

〈노시보 효과〉

현숙은 의약품 임상시험에 참여하였다. 현숙은 의사로부터 자
신이 먹는 약이 우울증 치료제라는 사실을 들었고 그대로 믿
었다. 현숙은 실제로 그 약을 과다 복용하였고, 얼마 후 건강
상태가 위독해졌다. 하지만 우울증 치료제는 사실 아무런 효
과도 없는 가짜 약이었다. 현숙은 의사에게 가짜 약이라는 사
실을 듣고 건강을 원래대로 회복했다. 그러나 이 스토리에 반
전이 있다. 사실 현숙이 복용했던 약은 위약이 아니라 실제 항
우울제였다.

위의 사례는 실제 약의 효능보다 개인이 가진 믿음과 기대
치의 효력이 더 뛰어날 수 있음을 보여준다. 또한 타인이 건넨

말 한마디로 인한 믿음과 심경의 변화가 미래에 예정된 결과를 바꿀 수도 있다는 것을 여실히 나타낸다. 플라시보와 노시보 효과의 차이는 믿음의 한 끗 차로 결정된다. 자기긍정예언의 효과를 보려면 당연히 플라시보 효과의 힘을 믿고 따라야 한다. 원효대사가 해골 물을 마신 후 괜히 '모든 것은 마음먹기에 달려있다.'라는 깨우침을 얻은 것이 아니다.

프라이밍 효과

자기암시의 가장 특별한 효과는 당신의 의지력과 습관을 키운다는 사실이다. 우리는 무의식적으로 자신의 의지와 상관 없는 생각이나 행동을 취할 때가 있다. 만약에 이 무의식적인 생각과 행동이 반복될 경우 습관으로 정착하게 된다. 자기암시는 당신의 잠재의식을 강화해 자동발생적으로 일어나는 무의식의 공격을 방어한다. 강화된 잠재의식은 현재의식에 자동화된 명령을 내리고 긍정적인 습관이 형성되도록 돕는다.

심리학 용어로 프라이밍 효과Priming effect라는 말이 있다. 프라이밍 효과는 가장 최초로 떠오른 개념이 이후에 떠오르는 지각과 해석에 영향을 미치는 현상을 말한다.

나는 초등학교 저학년 때 친구들과 프라이밍 효과를 체험한 적이 있다. 어느 날 친구가 갑자기 재밌는 테스트를 하겠다며 나에게 '컴퍼스'를 열 번 말해보라고 요구했다. 내가 컴퍼스라는 단어를 열 번 외치자 친구는 갑자기 다음과 같은 질문을 했다. "각도를 재는 기구는?" 나는 무의식적으로 컴퍼스라고 답변했다. 땡! 정답은 당연히 각도기였다. 다소 유치한 비유를 들었지만, 이처럼 프라이밍 효과는 우리가 먼저 떠올린 단어나 이미지가 무의식적으로 일어나는 행동에 어떠한 영향을 미치는지 설명해준다.

긍정확언

자기암시를 위한 긍정확언은 프라이밍 효과의 원리에 따라 실현된다. 긍정확언이란 자기 자신에게 긍정적인 다짐과 확신을 담은 말을 되뇌는 것을 뜻한다. 쉽게 말해서, 날마다 자기 자신에게 자기암시의 주문을 거는 것이다(긍정확언의 예시는 164쪽의 코칭 플러스를 참고).

긍정확언은 당신이 바라는 믿음이 과거와 미래가 아닌, 현재에 이미 이루어진 것으로 표현하는 것이다. 긍정확언은 당신의 삶을 이상적인 방향으로 재조준하여 자연스럽게 목표를 향해 나아갈 수 있도록 돕는다. 이제 당신도 자신만의 긍정확언을 통해 삶을 긍정적으로 변화시켜보자.

당신은 긍정확언을 통해 프라이밍 효과를 제대로 누릴 수 있다. 특히 매일 아침을 긍정확언으로 시작하면 프라이밍 효과가 작동하여 잠재의식이 가진 힘과 지혜가 더욱 발휘된다.

다음의 방법을 참고해 당신만의 잠재의식 활성화 루틴을 시작해보자.

① (아침) 긍정확언으로 활기찬 아침을 시작한다.
② (점심) 자기암시를 통해 잠재의식을 활성화한다.
③ (저녁) 잠들기 전 이미지 힐링으로 하루를 마무리한다.

초월자의 긍정확언

긍정확언 작성을 위해서는 이미지 힐링 시에 떠올렸던 장면을 문장으로 표현해 보는 것이 좋다. 당신이 가장 바라는 모습을 그려보고 긍정확언 리스트를 적어보자. 긍정확언은 당신만의 언어로 표현하는 것이 가장 좋다. 다음 초월자의 긍정확언 리스트 스무 가지를 참고하여 당신만의 긍정확언을 작성해보자. 그리고 매일 아침 마음속으로 크게 외치고 하루를 시작해보자.

① 나는 존재 자체로 완전하다.

② 나는 무한한 가능성과 잠재력을 지니고 있다.

③ 나는 내가 원하는 모든 것을 끌어당긴다.

④ 나는 내가 생각하고 말하는 대로 현실을 창조한다.

⑤ 나는 삶의 모든 문제에 관한 해결책을 가지고 있다.

⑥ 나는 내 인생을 바꿀 운과 기회를 스스로 창출한다.

⑦ 나는 언제나 나의 한계를 뛰어넘는다.

⑧ 나는 언제나 빛나는 인생을 산다.

⑨ 나는 지금 있는 그대로의 나 자신을 수용하고 사랑한다.

⑩ 나는 매우 특별하고 소중한 사람이다.

⑪ 나는 삶의 매 순간 내가 원하는 모습으로 살아가고 있다.

⑫ 나는 모든 면에서 날마다 점점 더 좋아지고 있다.

⑬ 나는 내 삶의 모든 영역을 통제하는 권한을 가지고 있다.

⑭ 나는 내가 무엇을 원하고 어디로 나아가야 하는지 알고 있다.

⑮ 나는 뚜렷한 자기확신과 자기결정권을 가지고 있다.

⑯ 나는 삶의 모든 면에서 행복하고 풍요롭다.

⑰ 나는 삶을 즐기고 베풀 줄 아는 사람이다.

⑱ 나는 언제나 남들에게 긍정적인 에너지와 희망을 나눠준다.

⑲ 나는 언제나 좋은 사람들과 함께 살아간다.

⑳ 나는 항상 성장하고 발전한다.

무의식은 당신 스스로를 알게 모르게 지배하고 잠식하는
'셀프 가스라이팅'과 같다.
무의식은 당신의 의지와 상관없이
당신의 마음을 꼭두각시처럼 조종하고 이용한다.

5 단계   자기통제력

사람들은 자기통제력을 잃어버릴 때 삶의 불안감을 느낀다. 자기 삶에 위험이 될 만한 요소나 변수들을 적절히 통제하지 못할 것 같다는 두려움에 휩싸이기 때문이다. 당신은 자기통제력을 통해 무의식의 본능과 욕망을 통제할 수 있다. 자기통제력은 인생의 성취도와 완성도를 드높인다.

욕망의
역행

　우리는 자신의 본능적인 욕망을 역행하지 못할 때 자기통
제력을 상실하기 쉽다. 자기통제력이란 눈앞의 작은 이득보다
더 큰 보상을 얻기 위해 자신의 본능과 욕망을 통제하는 능력
을 말한다. 자기통제력이 뛰어난 사람들은 무의식적으로 발생
하는 충동을 억제하고 컨트롤할 줄 안다. 그들은 단기적인 만
족감과 일시적인 쾌락을 얻는 행위를 의도적으로 기피한다.
대신에 장기적인 만족감과 지속적인 성취감을 획득한다.

　사실 자기 스스로 욕망을 통제하는 행위는 무척이나 어렵
다. 무욕망과 무소유를 추구하는 사람이나 종교에 귀의한 수
도승이 아닌 이상 여간 실천하기 힘든 것이 사실이다. 인간의
본능대로 감각적인 욕망을 따르는 것은 순간적으로 강력한 쾌

락을 선사하기 때문이다.

예를 들어, 보통 사람들은 술, 담배, 커피의 유혹에서 쉽게 벗어나지 못한다. 이 세 가지는 쾌락 호르몬인 도파민을 분비해 뇌에 자극적인 흥분감과 즐거움을 전달하기 때문이다. 하지만 감각적 쾌락은 일시적이며 장기간 지속되지 않는 단점이 있다. 순간적인 충동을 억제하지 못하고 쾌락의 빈도를 늘리는 행위는, 알코올 의존증이나 니코틴 중독, 카페인 중독과 같은 심각한 부작용을 야기하고 건강에 악영향을 끼친다.

우리는 자기통제력을 갖추고 육체적·정신적 건강을 모두 지켜야 한다. 자기통제력을 잃어버리면 인생에 불안감을 느끼기 쉽다. 자기 삶에 위험이 될 만한 요소나 변수들을 적절히 통제하지 못할 것 같다는 두려움에 휩싸이기 때문이다. 앞서 자기긍정예언은 인생을 크게 변화시킬 수 있는 운과 기회를 창출한다고 말했다. 자기통제력은 이 운과 기회를 허무하게 날리지 않고 꾸준히 지속되도록 유지해 준다. 자기 스스로를 컨트롤하면서 바람직한 삶의 궤도를 이탈하지 않도록 지지하기 때문이다.

따라서 자기통제력이 약한 사람은 자기긍정예언의 효과를 제대로 보지 못한다. 지금 당장 좋은 결과를 보겠다는 조급함과 충동에 이성을 잃고, 점차 자기통제력을 상실해버리는 까닭이다. 바꿔 말하면, 자기긍정예언의 완성도는 곧 자기통제력에 의해 좌우된다. 나 스스로를 통제하지 못하면 무의식이 내리는 부당한 명령에 굴복하고 만다. 무의식의 억압으로 통제력을 상실한 자아는 각종 방어기제를 표출하며 현실을 왜곡한다.

　우리는 자기통제력을 통해 무의식적 본능과 욕망을 통제하고 자기긍정예언의 실현 가능성을 높일 수 있다. 자기통제력이 자기초월의 4단계 법칙인 자기긍정예언의 다음 단계에 위치한 이유가 여기에 있다. 자기통제력은 인생의 성취도와 완성도를 드높이는 강력한 무기로 작용한다.

무의식
모니터링

우리는 자신의 생각, 감정, 느낌, 의지와 같은 의식 작용의 대부분을 인지할 수 있다고 착각한다. 또한 우리는 어떤 대상이 뚜렷하게 인식되지 않는 경우, 아예 그 대상이 존재하지 않는다고 생각한다. 그러나 인간의 의식 세계는 알게 모르게 무의식의 영향을 받는다. 우리가 무의식이 가진 힘을 간과하는 이유는 제대로 인식하지 못해서다. 무의식은 뚜렷한 형체가 없기에 인간의 의식으로 지각하기 힘들다.

무의식은 인간의 의식 세계에 분명한 영향을 미친다. 그동안 신경과학자와 심리학자를 비롯한 유전학자, 사회경제학자 등 전 세계 수많은 전문가는 인간의 무의식 차원을 연구하였다. 학자들은 인간의 의식 수준과 성과가 내면 깊숙이 존재하는 무의식에 의해 결정된다는 사실을 밝혀냈다.

무의식의 힘을 강조한 칼 구스타프 융Carl Gustav Jung은 인간의 무의식에 깃든 모든 것이 실제 현실 세계에 반영된다고 말했다. 융은 인간에게 잠재된 무의식이 은연중 꿈속에 투영된다고 보았다. 즉, 꿈은 무의식을 표출하는 창구로 기능한다는 것이다. 꿈은 일종의 상징을 통하여 무의식의 메시지를 전한다. 우리는 이 메시지를 통해 평소에 인지하지 못했던 무의식의 다양한 양상들을 접하게 된다. 대표적인 것이 콤플렉스와 트라우마다. 융은 꿈에서 발생하는 무의식을 바탕으로 인간이 가진 콤플렉스와 트라우마를 해석할 수 있다고 강조하였다.

융의 이론과 같이 무의식은 당신에게 억압된 욕구와 결핍감을 에너지 삼아 잘못된 신념과 고정관념을 주입한다. 무의식은 인간의 의식 세계에 은밀히 침투하며 자신의 세력을 확장해 나간다. 한마디로 당신의 정신세계 대부분을 차지하고 지배하려 한다. 무의식은 당신이 깨어 있는 상태나 잠든 상태에서도 항상 활동한다. 당신이 인식하지 못하는 사이에 수많은 사고 과정이 무의식의 차원에서 진행되고 결정된다. 따라서 자기통제력을 키우기 위한 첫 번째 방법은 무의식의 강력한 통제에서 벗어나는 것이다.

셀프 가스라이팅

무의식은 나 스스로 나의 마음을 은밀하게 지배하고 잠식하는 '셀프 가스라이팅'과 같다. 무의식은 당신의 정체성을 현혹하고 세뇌하여 파멸로 이끈다. 쉽게 말해서, 당신의 의지와 상관없이 당신의 마음을 꼭두각시처럼 조종하고 이용한다. 예를 들어, '나는 남들과 비교해서 잘난 게 하나도 없어. 어차피 난 뭘 해도 안 돼. 나는 내 인생을 결정할 권한이 없어. 평생 남이나 서포트하고 조연으로 살아.' 이런 식으로 잘못된 프레임을 씌운다.

그렇다면 무의식의 영향을 벗어나는 방법은 무엇일까? 또한 과연 어떻게 당신의 의지대로 컨트롤할 수 있을까? 방법은 당연히 무의식의 부당한 명령을 따르지 않는 것이다. 하지만 말이 쉽지 좀처럼 쉽게 되지 않는다. 무의식은 마치 당신의 컴퓨터에 깔린 운영체제와 같기 때문이다.

무의식은 인간의 두뇌라는 컴퓨터에 끊임없이 부정적인 신호와 명령어를 주입한다. 이 명령어는 자의식이라는 모니터 화면을 통해 송출된다. 당신은 '자의식 모니터'를 통해 자기 두뇌 속에서 구현되는 장면을 그대로 믿고 따르게 된다. 부정적인 생각과 감정을 본래 자신의 것으로 착각하고 받아들인다. 이 과정은 연속적이고 체계적으로 프로그래밍이 된다. 결과적으로 당신은 무의식으로부터 파생된 오류를 의심하지 않는다. 그저 자신이 본래 가졌던 생각으로 잘못 인식하는 착각에 빠지게 된다.

나 역시 마찬가지였다. 무의식은 나의 내면세계에 잘못된 명령어를 주입하고 부정적인 장면을 끊임없이 구현하였다. 무의식은 나를 지독하게 지배하였고 내 삶을 송두리째 빼앗았다. 무의식의 존재 자체도 인지하지 못했던 나는 오랜 기간 동안 나 스스로를 '셀프 가스라이팅' 하고 있었다. 이러한 사실을 깨닫기 전까지 굉장히 오랜 시간이 걸렸다. 무의식의 부조리를 인지해도 좀처럼 그 영향력을 벗어나기가 쉽지 않았다. 하지만 나는 끝내 해결책을 찾았고 역으로 무의식을 다스리는 통제권을 얻게 되었다.

자기객관화

무의식의 통제를 벗어나기 위해선 단순히 무의식을 지켜보면 된다. 나는 이 행위를 '무의식 모니터링'으로 부른다. 모니터링의 사전적 정의는 특정한 사건이나 상황이 일어나는 과정을 수시로 관찰·통제·검증하는 일을 뜻한다. 쉽게 말해서 감시자의 임무를 수행하는 것이다. 즉, 무의식 모니터링은 무의식이 나타나는 형상을 관찰하고 식별하는 일을 말한다.

무의식 모니터링을 하는 방법은 굉장히 단순하고 명료하다. 그저 자기 내면의 무의식에서 발생한 생각과 감정을 객관화하여 제삼자의 시선으로 관찰하면 된다. 그냥 이것이 전부다. 나는 무의식 모니터링을 통해서 무의식이 만든 형상을 끊임없이 관찰하였고 깨끗하게 정화하였다.

예전의 나는 우울과 불안, 걱정, 암울, 피해의식 등 온갖 부정적인 심리로 똘똘 뭉친 사람이었다. 나의 자의식 모니터는 온갖 부정적인 장면만을 엄선하여 계속해서 송출하였다. 하지만 나는 그 장면을 마치 내게 큰 의미 없는 쇼츠 영상을 시청하듯이 제삼자의 시선으로 관찰하였다. 무의식 모니터링을 하며 내 머릿속에서 떠오르는 부정적인 장면을 없애려거나 저항하지 않고 지켜보았다. 그저 있는 그대로 고요하고 평온한 마음으로 관조하였다. 나와 전혀 관계없는 타인의 생각과 감정을 지켜보듯이 말이다.

이처럼 무의식 모니터링은 곧 자기객관화 기술과 같다. 자기객관화란 내 생각과 감정을 객관적으로 주시하며 살펴보는 것이다. 이는 마치 바둑 게임에 참여한 '기수'가 아닌 바둑판을 바라보는 '관객'의 시선을 갖는 것과 같다. 바둑판은 게임 참가자보다 바깥에서 훈수를 두는 사람이 수를 더 잘 읽고 보는 법이다(물론 아마추어가 아닌 프로 바둑 게임은 예외지만).

무의식 모니터링을 시작하니 그동안 내가 가졌던 비합리적인 신념이 보이기 시작했다. 이후 나는 무의식이 만들어낸 여러 가지 형상들을 나와 동일시하지 않게 되었다. 무의식과 동화되지 않은 생각과 감정은 점차 힘을 잃고 사라지기 시작했다. 결과적으로 나는 무의식의 지배를 완전히 벗어나게 되었다. 아니, 정확히 말하자면 무의식과 친구가 되었다.

무의식은 더 이상 나를 가스라이팅 하거나 괴롭히지 않았다. 섭섭하게도(?) 무의식과 친숙해진 지 얼마 되지 않아 우리 사이는 점점 멀어지게 되었다. 무의식이 더 이상 나를 만나러 오지 않았기 때문이다. 그렇게 한동안 나는 무의식의 존재를 잊고 살았다. 하지만 진정한 친구는 가장 힘들고 어려운 순간에 찾아오는 법이다. 무의식은 내 인생의 고난과 시련의 시기마다 어김없이 찾아왔다. 하지만 그럴 때마다 나는 무의식 모니터링을 조건반사적으로 실행하였고 다시 떠나가는 무의식을 따뜻하게 배웅해 주었다.

당신도 무의식 모니터링을 통해서 무의식을 통제할 수 있다. 당신이 관심을 가지지 않는다면 무의식은 힘을 잃는다. 무의식이 송출하는 장면을 자기객관화하여 살펴보자. 그럼, 언젠가 무의식이 만든 환영은 당신의 마음속 추천 알고리즘의 목록에서 사라져 더 이상 뜨지 않게 될 것이다.

셀프
모티베이션

사람들은 미래에 얻을 수 있는 가치가 아무리 크다고 할지라도 당장 눈앞에 보이는 이득을 추구하는 경향이 있다. 미래의 보상과 혜택을 얻기 위해서는 장기적인 투자와 노력, 인내심을 요구하기 때문이다. 그러나 이렇게 눈앞의 이득만 좇다가는 자기통제력을 상실하고 우리가 원하는 최종 결과를 가져오지 못하는 상황을 초래하게 된다.

일례로 보통 사람들은 운동을 해야 건강해진다는 것을 알면서도 꾸준히 실천하고자 하는 의지와 실행력이 부족하다. 운동에 투입되는 막대한 시간과 노력 대비 기대효과가, 맛있는 음식을 먹는 즐거움에 비해 그다지 크지 않다고 여기기 때문이다.

따라서 우리에게 도움 되는 장기적인 목표를 이루기 위해서는, 본능적인 욕망과 충동을 억제하는 확실한 해결책이 필요하다. 나는 이 해결책을 '충동 컨트롤러'이자 '셀프 모티베이션'으로 부른다.

셀프 모티베이션이란 자신 스스로 자발적인 동기 부여를 일으키는 일을 말한다. 당신은 셀프 모티베이션을 통해 당신이 하는 일 자체에서 동기 부여를 얻을 수 있다. 일 자체에서 얻는 동기란 일을 하면서 느끼는 즐거움이나 성취감, 만족감과 같이 개인의 내부에서 발생하는 '내적동기'를 의미한다. 내적동기는 인간의 본능에서 비롯된 감각적 욕망과 물질적 쾌락을 압도하는 정신적인 만족감을 가져온다.

심리학에선 '행복은 강도가 아닌 빈도에 달려있다.'라는 연구 결과가 있다. 감각적 쾌락과 물질적 욕망이 충족되면 일시적인 기쁨과 만족감이 생긴다. 반면에 내적동기는 지속적이고 안정적인 정신적 만족감을 창출한다. 즉, 내적동기를 만드는 셀프 모티베이션은 효과적인 충동 컨트롤러다. 자기통제력을 증진함으로써 인간의 무의식적 본능이 갈망하는 유혹에 빠지지 않도록 돕는 효과적인 도구로 작용하기 때문이다.

자기결정성 이론

셀프 모티베이션 효과의 이론적 근거는 에드워드 데시

Edward Deci와 리차드 라이언Richard Ryan이 제시한 '자기결정성 이론'에서 찾을 수 있다. 자기결정성 이론은 인간의 행동이 스스로 동기부여되고 통제된다는 것을 설명하는 동기이론이다. 인간은 내적으로 동기화될 경우 인센티브와 보상과 같은 외적동기의 요소와 관계없이 스스로를 통제하는 능력이 생긴다. 내적동기로 인해 촉발된 활동 자체가 보상으로 인식되기 때문이다.

자기결정성 이론은 인간 행동의 통제 원천이 외부가 아닌 내부에 있다는 것을 실험으로 밝혀냈다. 이미 내적으로 동기화된 사람에게는 오히려 외적동기의 요소가 방해물로 작용한다는 것이다. 자기결정성 이론에 따르면, 내적동기는 자율성, 유능성, 관계성에 대한 욕구가 충족될 때 발현된다. 다음 두 가지의 사례를 살펴보면 자기결정성 이론에 수긍이 갈 것이다.

〈사례 1〉

영호라는 사람은 평소 '멸치'라는 소리를 들으며 마른 몸에 대한 콤플렉스를 가지고 있었다. 그래서 영호는 몸을 키우기 위해 헬스를 등록하였다. 영호는 점점 헬스에 재미를 붙였고 자율적으로 자신만의 운동루틴을 구성하였다(**자율성**). 영호는 한동안 운동에 완전히 매료되어 매일 헬스장을 갔다. 영호는 운동을 하면서 보통 사람보다 빠르게 몸을 만들 수 있다는 자신감이 생겼다(유능성). 사람들도 영호의 운동능력을 인정해 주었다(관계성). 영호는 칭찬받을 때마다 더욱 운동에 동기 부여 되었다.

그러던 어느 날 영호는 헬스장에서 주최한 바디 프로필 촬영(일명 바프)과 개인 PT 무료 이용권 이벤트에 당첨되었다. 영호는 기쁜 마음으로 이용권을 사용하였다. 하지만 개인 PT와 바프 탓인지 이전과 달리 더 이상 자율적이고 가벼운 마음으로 운동에 임하지 못했다. 그래도 영호는 최선을 다했고 바프 촬영도 성공적으로 마쳤다. 그러나 그 후로 영호는 헬스에 흥미를 잃어버렸다. 다시 운동하더라도 이제 별도의 보상이 없을 뿐만 아니라 구체적인 목표 또한 사라져 버렸다고 느낀 탓이었다.

〈사례 2〉

정숙은 매주 주말마다 자발적으로 봉사단체를 통해서 재능기부와 봉사를 하였다(자율성). 정숙은 자원봉사를 하면서 누군가를 돕는다는 것에 대한 자부심과 만족감을 느꼈다(유능성). 사람들도 정숙의 재능기부에 대해 아낌없는 칭찬과 감사의 피드백을 전했다. 정숙은 봉사활동을 통해 다양한 사람과 교류하고 친목 도모를 하는 일 자체를 즐겼다(관계성).

그러던 어느 날 봉사단체가 후원금 사용계획을 발표하였다. 봉사단체는 후원금에 감사의 의미를 담아, 장기간 활동한 자

원봉사자들에게 소정의 임금을 지급한다고 밝혔다. 정숙 역시
이 대상자에 속했고 약 석 달의 기간 동안 봉사활동에 대한 대
가를 지급받았다. 이후 임금 지급은 다시 중단되었고 정숙은
이전과 다름없이 봉사활동을 나갔다. 그러나 이전처럼 봉사활
동이 즐겁지 않고 의욕이 생기지 않았다. 정숙은 금전적 보상
이 사라지자 자신의 재능과 시간이 낭비되고 있다는 느낌을
받았고 결국 봉사활동을 중단하였다.

이처럼 사람의 동기는 셀프 모티베이션으로 인한 '내적통
제'상태에 달했을 때 가장 높게 나타난다. 반면에 강제나 강
요, 금전적 보상 등 '외적통제'가 이뤄지면 오히려 동기부여가
줄어들게 된다. 아무리 내적동기에 의해 일어난 활동일지라도
외적동기가 개입되는 순간 본질적인 동기가 감소하는 탓이다.

자기결정성 이론은 자기통제력의 원천이 내적동기에 있음
을 분명하게 보여준다. 즉, 우리가 자기통제력을 키우기 위해
서는 무엇을 하는가(행위) 보다 왜 하는가(이유)에 더욱 집중
해야 함을 알려준다.

셀프 모티베이션이 작동되는 원리

셀프 모티베이션이 작동되는 원리는 간단하다. 자기 성장
과 발전에 도움을 주는 생산적인 일을 찾아서 실행하면 된다.

우리는 자신이 추구하는 목표와 행동이 일치하는 일을 할 때 생산적인 삶을 살아갈 수 있다. 생산적인 삶이란 곧 가치 있는 삶이다. 남들이 봤을 때 아무리 편하고 좋아 보이는 일이라도, 내가 얻는 가치가 저조하다면 동기 부여는 저하될 수밖에 없다.

생산적인 사람은 무슨 일을 하더라도 일을 통해 얻을 수 있는 가치를 생각한다. 생산적인 사람이 선택한 일은 자신을 발전시키고 성장시키는 일이다. 이에 따라 당장의 이익과 쾌락을 멀리하고 자기통제력을 강화하는 셀프 모티베이션이 작동하게 된다.

셀프 모티베이션이 본격적으로 작동되면 목표를 성취하기 위한 의지와 통제력이 남다를 수밖에 없다. 결과적으로 생산적인 사람이 하는 전반적인 일은 시간이 지날수록 자기 발전에 기여하는 일들로 가득 차게 된다. 인생 차트가 플러스(+) 방향으로 우상향할 가능성이 커지는 것이다.

자기 생산성이 높은 사람들은 셀프 모티베이션을 작동시키는 힘을 지니고 있다. 그들은 내적동기를 통해서 어떠한 외부적 요소의 개입 없이, 오직 자기 스스로를 동기 부여 하여 더 큰 성과를 맛본다. 셀프 모티베이션은 당신이 행하는 일에 대한 몰입과 동기 부여를 확실하게 심어주는 강력한 도구로 작용한다. 이는 곧 셀프 모티베이션이 직장생활 동기 부여나 업무몰입에서도 큰 효과를 발휘한다는 뜻이다.

갤럽에서 조사한 '2021년 글로벌 직장인의 실태 조사'에 따르면, 국내 직장인 중 단 12%만이 업무에 몰입한다고 응답했다. 이 통계수치가 의미하는 바는 대한민국 직장인 열 명 중 아홉 명은 업무에 집중하지 않으며, 상당수가 딴짓을 한다는 것이다. 설문 결과에서 드러나듯이 직장인의 업무몰입 수준은 심각한 상황이다.

나 또한 예전에 직장생활을 할 때 업무에 몰입하지 못하고 매너리즘에 빠진 적이 있다. 단순히 업무적으로 해야만 하는 일이나 직장상사가 무의미하게 시키는 일은 내게 아무런 동기부여를 일으키지 못했다. 이에 나는 스스로 동기 부여를 일으킬 만한 방법을 강구 했다.

우선, 내게 주어진 일을 떠나 앞으로의 내 커리어에 도움이 될 만한 일들을 스스로 찾아서 시도하기 시작했다. 주어진 업무와 권한 내에서 새롭게 시도하고 경험할 수 있는 일이라면 무엇이든 했다. 괜한 일을 벌여서 불필요한 실패의 리스크를 떠안더라도 괜찮았다. 내 경력에 도움이 되는 포트폴리오를 얻는다고 생각하니 손해 볼 게 없다고 생각했다.

셀프 모티베이션은 매일 반복되는 무료한 직장생활에서 일에 대한 의미와 즐거움을 느끼도록 만들었다. 내가 스스로 개척한 일은 결과적으로 나 자신뿐만 아니라 회사의 발전에도 도움 되는 일이었다. 회사에 몸담은 이상 개인적인 이득만 취할 수 없고 서로 윈윈하는 것이 좋기 때문이다.

윈윈전략은 제대로 적중했다. 내가 성장하는 것은 곧 회사가 성장하는 것과 같았다. 나도 원하고 회사도 원하는 일을 하니 업무에 몰입하고 열정을 갖기가 수월했다. 일에 많은 에너지를 쏟아도 지치지 않았다. 이전에는 일에 끌려다니는 느낌이 강했는데, 이제는 내가 일에 대한 주도권을 갖고 끌고 가는 느낌이 들었다.

나는 이렇게 나만의 셀프 모티베이션을 구축해 나갔다. 회사 일은 곧 나의 개인적인 목표를 성취함과 동시에 커리어를 발전시키는 일이었다. 그러자 성과 역시 자연스럽게 따라왔다. 내가 좋아하고 하고 싶은 일에 열중하니 업무 능력이 일취월장하였다. 덕분에 직장 동료와 상사로부터 능력을 인정받았고 업무추진에 더욱 힘이 실렸다. 이렇게 일에서 충족되는 자율성, 유능성, 관계성이 삼위일체를 이루자 셀프 모티베이션의 효과는 날이 갈수록 배가되었다.

결과적으로 나는 셀프 모티베이션으로 직장 매너리즘을 완전히 탈피하였다. 셀프 모티베이션은 내가 회사에서 수행하는 일의 가치와 성과를 계속해서 상기시키도록 만들었다. 셀프 모티베이션은 내게 한 직장에서 10년이란 긴 세월을 장기 재직할 수 있도록 도운 가장 큰 원동력이자 버팀목으로 작용하였다. 이 효과적인 충동 컨트롤러 덕분에 나는 끝까지 인내심을 갖고 원하는 결과를 성취할 수 있었다.

매 순간 나를 발전시키는 뜻깊고 가치 있는 일을 찾아서 실

184

행하는 것, 바로 이것이 셀프 모티베이션의 핵심이다. 당신이 직장인이나 사업가, 프리랜서, 자영업자 그 어떤 일을 하든지 자신에게 뜻깊고 가치 있는 일을 하는 것이 중요하다.

당신이 하는 모든 일은 어쩔 수 없이 해야만 하는 일이 아니라, 당신을 성장시키는 생산적인 일로 대체해 나가야 한다. 바로 그 생산적인 활동이 셀프 모티베이션이 일어나는 토대이자 자기통제력을 키우는 자양분으로 작용하는 까닭이다. 무엇보다 가장 중요한 것은 성취감을 느끼는 것이다. 작은 일부터 시작해 조금씩 조금씩 성취감을 맛보다 보면, 어느새 자발적으로 동기부여 하는 긍정적인 습관이 형성될 것이다.

자기통제력을
키우는 독서 습관

　우리나라 사람은 책을 1년 중 얼마나 읽을까? 문화체육관광부에서 조사한 '2021년 국민 독서실태'에 따르면 우리나라 성인은 한 해 평균 4.5권의 책을 읽는 것으로 조사됐다. 이는 책을 단 한 권이라도 읽은 사람의 비율이 절반도 되지 않았다는 뜻이다. 책을 읽기 어려운 가장 큰 이유로 성인들은 '일 때문에 시간이 없어서'(26.5%), '다른 매체·콘텐츠를 이용해서'(26.2%) 순으로 응답했다. 특히 학생들은 '스마트폰, 텔레비전, 인터넷 게임 등을 이용해서'(23.7%)를 독서에 영향을 미치는 가장 큰 장애 요인이라고 꼽았다.

　많은 사람들이 애용하는 디지털 콘텐츠는 확실히 책과 비교하여 뚜렷한 장점이 있다. 예를 들어, 유튜브와 숏폼, 게임과 같은 콘텐츠는 즉각적이고 신속한 재미와 정보를 제공한다. 이와 달리 독서는 상대적으로 장기적인 시간적 투자와 노력, 집중이 요구된다. 그러나 디지털 콘텐츠가 아무리 유용해도 독서가 전해주는 가치를 넘어서진 못한다. 주어진 정보를 해석하고 받아들이는 주체가 다르기 때문이다.

디지털 콘텐츠는 타인의 관점과 방식대로 해석한 내용을 압축하여 전달한다. 일례로, 시사 정보와 이슈, 작품해석, 리뷰 등을 다루는 유튜브 콘텐츠를 떠올려 보자. 이들 콘텐츠의 내용은 모두 창작자인 콘텐츠 크리에이터의 관점에서 분석된 내용을 기반으로 한다. 즉, 우리는 이러한 콘텐츠를 볼 때 창작자가 편집한 내용 일부분과 요약된 결론만을 접하게 된다.

콘텐츠 요약본에는 결론이 도출되기까지의 과정과 맥락이 생략되어 있다. 이렇게 콘텐츠를 비판 없이 습득하는 습관을 들이면 정작 우리의 논리적 사고력이 감퇴하고 만다. 콘텐츠 크리에이터가 전달하는 메시지 자체의 틀 안에 갇혀 버리고 말기 때문이다. 자신만의 관점과 해석이 결여된 상태로 수동적으로 습득한 지식은 휘발성이 강하다. 이러한 지식은 우리의 현재의식을 거쳐 단기기억에 저장된다.

반면에 독서는 디지털 콘텐츠에 비해 자기만의 관점과 방식대로 해석한 지식과 정보를 습득하기에 더욱더 유용하다. 책을 읽으면 저자의 세계관이나 사상, 스토리에 관한 전체적인 맥락을 수용하고 이해하기 편하다. 책에 나오는 주요 인물이 어떠한 상황적 맥락에서 무엇을 겪었기에 현재의 깨달음을 얻게 되었는지 인과관계가 명확하기 때문이다.

우리는 저자의 주장을 곱씹어 보면서 자기 생각과 의견을 바탕으로 다양한 해석과 결론을 내릴 수 있다. 또한 이렇게 내린 결론을 자신의 실제 삶에 적용할 수도 있다. 자연스럽게 이 과정에서 비판적 사고력과 논리력, 문제해결력이 발달한다. 이렇게 능동적으로 습득한 지식은 응집력이 강해 우리의 무의식을 거쳐 장기기억에 보존된다.

독서를 생활화하는 습관을 정착하면 자기통제력 또한 증진될 수밖에 없다. 앞서 자기결정성 이론에서 언급한 것처럼, 독서하는 행위 자체가 내적동기와 내적통제 상태로의 변화를 끌어내는 까닭이다. 독서를 좋아하고 사랑하는 사람들은 단기적인 보상감보다, 장기적으로 얻어내는 보상감을 더 선호한다. 그들은 진정 독서의 참된 가치를 아는 사람들이다.

8년째 독서모임을 하는 이유

현재 나는 책을 사랑하기에 독서를 생활화하고 있다. 그러나 예전의 나는 자기통제력이 약하고 책을 읽고자 하는 의지와 흥미가 부족했다. 책과 달리 게임은 내게 즉각적인 쾌감과 재미를 안겨주었다. 그래서 나는 상당히 많은 시간을 게임을 하는 데 할애했다. 그러나 게임을 마치면 허무함과 피로감이 몰려왔다. 게임은 내게 생산적인 취미활동이 아니었기에 더욱 건강하고 유익한 취미활동을 하고 싶었다.

그러던 어느 날 나는 우연히 읽은 책으로 큰 깨달음을 얻었고 인생에서 풀리지 않던 해답을 찾게 되었다. 그때부터 나의 독서 습관이 시작되었다. 독서는 분명 유익했다. 그러나 주기적으로 꾸준히 책을 읽는다는 게 여간 어려운 일이 아니었다. 책을 읽는 순간에는 분명 즐거움과 재미를 느꼈지만, 막상 실행으로 옮기는 게 쉽지 않았다.

자리가 사람을 만들 듯이, 환경이 사람을 순응시킨다. 나는 책 읽는 환경을 강제적으로 조성할 필요성을 느꼈다. 독서모임은 나의 내적 성장의 동기를 충족시킴과 동시에 자기통제력을 키우는 최적의 도구였다. 나는 매번 정기적으로 독서를 실천하기 위해 독서모임을 조성하였다. 독서모임을 운영하니 거의 반강제적인 책임감과 의지력이 생겨났다. 독서모임은 매주 진행되었고, 덕분에 나는 최소 일주일에 한 권 이상의 책을 읽게 되었다.

나는 오프라인 독서모임 '다독임'을 지난 2015년 10월인 가을경에 개설하여 현재까지 운영하고 있다. 어느덧 햇수로는 10년 차, 실 운영 기간은 8년이 넘은 셈이다. 나는 매주 일요일 오후 두 시간의 시간을 다독임 활동에 온전히 투자한다. 다독임은 성별, 나이, 학력, 직업과 관계 없이 다양한 개성을 가진 사람들이 함께 모여 독서토론을 진행하는 모임이다. 모임 명

칭엔 "모임원 간 서로 부족한 부분을 다독이고 발전하자."는 숨은 뜻이 담겨 있다.

우리 모임은 모두가 북리더다. 멤버들끼리 매주 돌아가면서 각자가 읽고 싶은 다양한 분야의 책을 선정하고 모임을 진행한다. 사람은 보통 자신이 읽고 싶은 분야의 책만 보는 경향이 있다. 나는 독서모임 덕분에 독서 장르에 대한 편식을 없애고 다양한 지식과 인사이트를 얻게 되었다. 또한 독서 모임원들과 책에 대해 다양한 해석과 의견을 교류하면서 사고의 깊이도 발달시킬 수 있었다. 이처럼 독서모임은 내게 자율성(모임 운영자의 역할), 유능성(독서 편식 개선 효과), 관계성(좋은 모임원과의 교류)을 높이는 강력한 셀프모티베이션으로 자리매김하였다.

코칭 플러스 손실 회피 편향

손실 회피 편향은 심리학자 대니얼 카너먼이 제시한 개념으로, 쉽게 말해서 이익으로 얻는 기쁨보다 손실로 인한 괴로움을 더 크게 느끼는 심리상태를 의미한다. 예를 들어, 당신이 주식투자를 한다고 했을 때 100만 원을 버는 것보다 100만 원을 잃는 상실감이 더욱 클 것이다. 이 개념이 바로 손실 회피 편향이다. 당신은 손실 회피 편향을 이용하여 자기통제력을 강화할 수 있다. 자기통제력이 약해서 어떤 활동을 실행하는 데 주저하고 있다면, 주변 친구나 가족에게 다음과 같이 선포해보자.

"만약에 내가 이 기간 안에 ○○○을 하지 못하면 내 돈 100만 원을 줄게. 우선 먼저 선입금을 할 테니, 내가 약속을 어기면 그대로 가져도 돼."

다소 억지스럽긴 하지만 이런 식으로 손실 회피 편향을 이용하면 자기통제력은 자동적으로 강화될 것이다. 보상 액수가 커질수록 말이다. 실제 내가 독서모임을 운영할 때도 모임 탈퇴 규정을 비롯해 지각비와 벌금제도를 도입하자 멤버들의 출석률이 눈에 띄게 달라졌다. 그렇다. 이는 순전히 손실 회피 편향이 가진 힘이다.

당신이 이 세상에 존재하는 이유를 찾으면
인생에 꿈과 목표가 구체적이고 분명해진다.
무엇을 위해 사는지 아는 사람은
어떻게 살아야 하는지도 자연스레 알게 되기 때문이다.

6단계 # 자기실현

누구나 인생을 살면서 한 번쯤 다음과 같은 물음을 가진 적이 있을 것이다. '나는 왜 사는가? 그리고 무엇을 위해 사는가?' 우리는 각자 자기만의 이유와 목표를 가진 채 인생을 살아간다. 부자가 되기 위해, 행복하기 위해, 성공하기 위해 등 수없이 많은 이유와 목표가 존재한다. 당신은 자기실현을 통해 삶의 의미와 만족을 얻는 이상적인 삶을 구현할 수 있다. 당신의 무의식에 잠재된 근본적인 욕구를 실현하는 순간 진정한 자기실현이 이뤄진다.

당신이 이 세상에
존재하는 이유

우리는 왜 이 무한한 우주 속에 존재하는 수많은 별들 중에서 지구라는 별에 태어났을까? 그리고 우리는 왜 하필 이 시기에 특정 국가와 인종, 성별, 기질, 외모와 같은 선천적인 조건을 갖고 태어났을까?

분명한 건 우리는 좋든 싫든 이 세상에 태어났고 삶이 다하는 그날까지 남은 인생을 살아가야 한다는 것이다. 산다는 건 무엇일까? 누군가에게 있어 산다는 건 축복이자 기쁨일 수 있다. 그러나 다른 누군가에겐 숨 쉬는 것조차 괴롭고 절망적일 수도 있다. 삶이란 각자에게 주어진 조건과 상황을 어떻게 바라보고 해석하느냐에 따라 달라지기 때문이다.

저마다 인생에서 가장 중요하게 여기는 가치척도가 존재한다. 돈, 외모, 학벌, 명예, 지위, 인정, 평안, 존경 등 개인이 중요하게 여기는 가치척도에 따라서 가치의 우선순위가 매겨진다. 인생에 수많은 가치 중에서 거의 모든 사람이 가장 최우선으로 추구하는 절대적인 가치가 있다. 바로 행복이다. 우리는 모두 인생에 행복을 얻기 위해 다양한 계획과 목표를 수립한다. 연애, 결혼, 내 집 마련, 인간관계, 부, 자기 계발 등 우리가 하는 대부분의 일과 노력은 모두 다 행복이라는 절대적 가치를 얻기 위함이다.

무의식 디깅

행복은 인간이 느끼는 결핍감 중 가장 최상위 욕구다. 인생이란 결국 행복하기 위해 사는 것이다. 행복한 삶은 우리가 원하는 가치를 획득하고 실현할 때 이뤄진다. 인생에서 원하는 것이 구체적이고 분명할수록 행복한 삶의 실현 가능성이 커진다. 고로 행복한 삶의 시작점은 내가 원하는 삶이 무엇인지 명확하게 파악하는 것이다. 하지만 불행히도 사람들은 자신이 원하는 삶을 제대로 알지 못한다. 인간이 가진 가장 이상적인 욕구는 인간의 내면 깊은 곳에 자리한 무의식에서 발현되기 때문이다.

인생이 행복해지기 위해선 우리 안에 숨겨진 무의식의 욕구와 결핍감을 파헤쳐야 한다. 나는 이 일을 다른 말로 '무의식 디깅'으로 부른다. 무의식 디깅을 위해서는 가림막과 불순물을 제거하는 작업이 필수적이다. 여기서 가림막은 본능적 욕망이고 불순물은 감각적 쾌락이다. 앞서 우리는 자기통제력을 통해 무의식적 욕망과 쾌락을 다스리는 방법을 습득했다. 자기통제력을 갖췄다면, 가림막과 불순물을 제거한 셈이다. 말하자면, 무의식의 본능적 욕망이 아닌 본질적 욕구를 파악하고 실현할 힘이 생긴 것이다.

이제 당신은 무의식 디깅을 거쳐서 자신이 원하는 삶이 진정 무엇인지 스스로 정의해야 한다. 내가 원하는 삶을 정의하는 것은 정말 중요하다. 자기 자신이 내린 정의와 다른 삶을 사는 사람은 삶의 목적지와 방향성을 상실하기에 본질적으로 행복해질 수 없기 때문이다. 인생에 꿈과 희망, 목표 따위가 사라진 채 불행한 삶을 이어가게 되는 것이다.

인생에 꿈과 목표가 없을 때 해야 하는 단 한 가지

인생을 살아가다 보면 뜻대로 되지 않아 답답할 때가 많다. 진로 걱정, 취업 걱정, 연애 걱정 등…. 답답한 인생의 수많은 걱정과 고민거리들은 끊임없이 우리를 괴롭힌다. 인생의 행복과 성공의 기준은 뭔가 정해져 있는 것 같은데, 그 기준치에 미달하고 자꾸 뒤처지고 있다는 느낌이 든다. 바쁘게 돌아가는 현대사회에서는 어쩌면 이런 생각을 하는 것이 지극히도 당연해 보인다. 아마 누구나 한 번쯤은 이런 생각을 해보았을 것이다.

'나는 왜 인생에 뚜렷한 꿈과 목표가 없을까? 도대체 내가 잘하고 좋아하는 게 뭐지? N잡 시대에 뭘 해야 잘 살아가는 걸까?'

'남들은 나보다 한참 앞서가고 있는 것 같은데, 나만 뒤처지고 있는 거 아닐까? 요즘 이게 트렌드라던데 나도 한 번 따라 해볼까?'

'아니, 근데 내가 가고자 하는 게 정작 이 길이 맞는 건가? 누군가가 갈팡질팡 내 인생의 방향성 좀 잡아주면 좋겠다!'

나는 코칭을 하면서 인생에 꿈과 목표를 찾지 못해 방황하는 사람들을 종종 접하곤 한다. 그들은 목표 없는 삶에 무력감과 허무함을 느낀다. 이렇게 인생에 꿈과 목표가 뚜렷하지 않다면 무엇을 하면 좋을까? 가장 최우선으로 해야 하는 단 한 가지는 자기 존재의 이유를 찾는 것이다. 존재의 이유를 찾으면 인생에 꿈과 목표가 구체적이고 분명해진다. 무엇을 위해 사는지 아는 사람은 어떻게 살아야 하는지도 자연스레 알게 되기 때문이다.

결국 자기 존재의 이유를 찾는 과정은 자신이 원하는 삶을 정의하는 과정과 같다. 자신이 원하는 삶을 구체적으로 정의

하면 인생을 살아가는 의미와 목적 역시 발견할 수 있게 된다. 여기서 말하는 의미와 목적은 곧 삶의 가치와 방향성이다. 그러나 우리는 결코 의미와 목적을 찾을 수 없다. 왜냐고? 의미와 목적은 본래 존재하지 않기 때문이다.

삶에 의미와 목적이란 본래 없다. 다만 오직 자신에게 의미와 목적을 만들고 부여할 수 있다. 즉, 의미와 목적은 찾는 게 아니라 창조하는 것이다. 삶의 의미와 목적을 만드는 일은 무척 중요하다. 뚜렷한 목적의식이 없이 무언가를 추구하는 행위는, 구멍 난 항아리에 물을 쏟아붓는 일과 같다.

나 역시 내 존재의 이유를 찾기 전까지 수십 년의 세월을 무의미하게 보냈다. 하루하루 뚜렷한 꿈과 목표 없이 방황하고 있는 청년에 불과했다. 그러나 인생에 의미와 목적을 만든 이후의 내 삶은 크게 달라졌다. 삶의 목표와 방향성이 뚜렷해졌고 앞으로 해야 할 일들이 명확하게 보였다. 그 일들을 실행하는 것은 곧 자기실현의 삶이었다.

인생비전을 실현하면
자기실현이 된다

당신은 삶의 의미와 목적이 뚜렷한 삶을 살고 있는가? 선뜻, 답변하기가 어렵다면 질문을 바꿔보겠다. 당신은 현재 어느 때보다 만족스럽고 원하는 인생을 살고 있는가? 만약에 "그렇다."라고 답한다면, 이 파트를 건너뛰고 다음 7단계로 넘어가도 좋다. 반면에 "아니오."라고 답한 당신은 현재 자신의 무의식적 욕구와 무관한 일을 억지로 하고 있을 가능성이 높다. 또한 당신이 바라고 기대하는 삶이, 당신이 원하는 시기와 타이밍에 현실로 실현되지 않았기 때문이기도 하다.

그렇다면 당신이 바라는 삶이란 무엇인가? 그리고 그 삶을 살기 위해서는 무엇을 해야 할까? 이 물음에 대한 답은 자기실현을 하는 것이다. 자기실현이란 개인의 무의식 속에서 열망하는 근본적인 욕구를 실현하는 것이다. 즉 당신이 꿈꿔 왔던 이상적 자기의 모습으로 살아가는 삶을 말한다.

자기실현은 당신이 이 세상에 존재하는 이유를 발견하고 현실화할 수 있는 행동을 규정해준다. 인간은 자신의 마음 깊숙한 곳에 억압되어 있던 욕구를 실현할 때 삶에 대한 진정한 만족과 행복을 느끼게 된다. 당신은 자기실현을 통해 당신이 바라는 가장 이상적인 삶, 인생에 의미와 목적이 분명한 삶을 살아갈 수 있다. 따라서 자기실현은 곧 자기 인생에 의미와 목적을 창조하고 구체화하는 과정이라고 볼 수 있다.

자아실현과 자기실현의 차이

자아실현과 자기실현은 무엇이 다를까? 자아실현은 영문으로 'ego realization'이 아닌 'self realization'으로 번역된다. 즉, 자아ego와 자기self는 서로 다른 뜻을 가지고 있다. 자아ego가 자기 스스로 구축한 정체성이자 현재의식을 의미한다면, 자기self는 자신이 본래 가지고 있던 본성이자 무의식을 뜻한다.

현대심리학에서 자기실현은 무의식의 콤플렉스를 의식화하는 과정으로 이해된다. 무의식 차원에서 억눌려있던 욕망과 결핍감과 같은 어두운 면들을 자신의 의식 세계로 통합하라는 뜻에서 말이다. 따라서 무의식에 감춰진 자기로서의 욕구를 실현할 때 가장 이상적인 자기실현이 이뤄진다.

자기초월의 6단계 법칙을 자아실현이 아닌 자기실현으로 언급한 이유가 바로 여기에 있다. 자기통제력이 무의식의 감각적 욕망을 '통제'하는 것이라면, 자기실현은 무의식의 정신적 욕망을 '해방'하는 것과 같다. 자기통제력을 갖췄다면, 무의식의 속박에서 벗어나 내면에 억눌려있던 근본적인 욕구를 표출하는 자기실현을 이뤄야 한다.

인생비전과 행복의 추월차선

지금, 이 시각에도 수많은 사람이 꿈과 목표가 부재한 삶, 의미와 목적이 없는 삶을 살아가고 있다. 하기 싫은 일을 억지로 하고 있음에도 정작 하고 싶은 일이 무엇인지 고민하지 않고 있다. 심지어 사회가 요구하는 기준과 매뉴얼에 따라 개인의사와 상관없는 일을 하며 살아가기도 한다.

대부분 사람은 스스로 무언가를 원한다고 생각한다. 그러나 실제 현실을 파고들면 남들이 가진 욕망이나 믿음을 내 세상에 가져온 경우가 많다. 인간은 타인과의 상호작용을 통해 서로 무의식적으로 동화되기 때문이다.

인생진로를 결정할 땐 자신만의 내적 기준을 반드시 따라야 한다. 그렇지 않으면 자기 인생에 주연이 아닌 조연으로 살아갈 수밖에 없다. 자기실현은 인생의 조연이 아닌 주연으로서 가장 나다운 삶을 살아가는 것이다. 삶의 변화는 오직 '나'로부터 시작된다. 가장 나다운 삶을 시작하는 첫걸음은 당신만의 인생비전을 갖는 것이다. 자신만의 사명인 인생비전을 따를 때 진정한 자기실현을 완성할 수 있다.

인생비전이란 자신이 꿈꾸는 모습으로 나아가고자 하는 방향이자 이상을 뜻한다. 인생비전을 만들면 삶에 의미와 목적을 부여하는 자기실현이 가능하다. 나는 이를 '인생비전 디자인'이라고 부른다. 자기실현이란 곧 인생비전을 디자인하고 실현하는 삶을 사는 것이다.

인생비전은 목표가 아닌 목적을 추구하는 것이다. 그러나 대부분의 사람들은 목적보다 목표를 실천하기 위해 많은 시간과 정성을 쏟는다. 목적을 먼저 세우고, 그 목적을 이루기 위해 정진하는 이들은 극히 드물다.

목표는 목적을 이루기 위한 수단이자 거점에 불과하다. 즉, 목표는 오로지 목적에 포함되는 하위요소로 목적을 뒷받침하는 기능으로 작용할 때 의의가 있다. 목표가 방편이라면 목적은 방향이다. 목표는 결과가 명확하게 나타나며, 단기적이고 일시적으로 달성하는 것이다. 반면에 목적은 특별한 마침표가 없으며, 장기적이고 지속적으로 추구하는 것이다. 목표가 '무엇'이란 명사라면 목적은 '무엇을 하는 것'이란 동사다. 목표는 정량적이며 측정할 수 있지만, 목적은 정성적이며 측정할 수 없다.

인생비전이라는 목적을 먼저 추구하면 자기 스스로 인생의 방향성과 지속성을 창출할 수 있다. 방향성과 지속성은 의미 있는 삶을 살아가는 원동력이다. 따라서 당신은 인생비전이라는 목적을 다른 그 무엇보다도 먼저 뚜렷하게 수립해야 한다. 목적지가 확실해야 각각의 목표지점을 따라 올바른 길로 나아갈 수 있기 때문이다.

우리는 모두 서로 다른 환경에서 태어나 각자 고유한 정체성과 가치관을 갖고 있다. 따라서 우리가 행복하기 위해서는 남들이 가는 길이 아닌 내가 원하는 나만의 길을 가야 한다. 나만의 길은 내가 이 세상에 존재하는 이유와 목적을 만들고 실현할 때 비로소 나타난다. 그 길이 바로 당신만의 라이프 로드맵(인생진로)이자 행복의 추월차선이다.

당신만의 사명이자 목적의식인 인생비전을 따라가면 행복의 추월차선을 타게 된다. 행복의 추월차선은 가장 이상적인 '자기실현의 길'이자 '행복한 인생의 지름길'이다. 인생비전은 당신만의 인생진로를 안내하는 라이프 내비게이션을 작동시킨다. 당신은 이 내비게이션을 통해서 행복의 추월차선을 타고 자신이 원하는 삶의 최종 목적지까지 빠르게 순항할 수 있다.

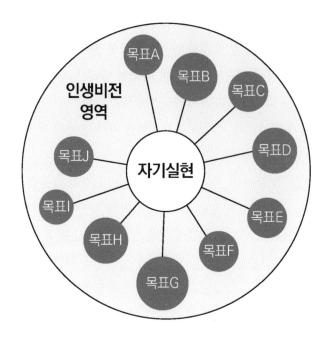

인생비전의 영역 안에서는 당신이 어떤 목표를 가지고 무
슨 일을 하든지 자기실현이라는 최종 목적지로 귀결된다. 목
표는 여러 개여도 자기실현에 이르는 목적지는 단 하나다. 다
시 말해서, 각각의 목표에서 목적지까지 가는 길이 곧 행복의
추월차선이다. 인생비전의 영역에선 목표가 크든 작든 실패와
실수를 하든 중요치 않다. 어차피 자기실현이라는 목적지를
향해 나아가는 과정 일부로서 존재하기 때문이다. 인생비전은
행복의 추월차선으로 직행하는 마스터키다.

쉽게 말해서, 평범한 일상에서 자기실현을 해나가는 행복한 기분을 맛보고 싶다면 반드시 행복의 추월차선을 타야 한다. 나 역시 행복의 추월차선을 타면서 진정한 자기실현의 삶을 시작하게 되었다. 내 마음이 원하는 대로 하고 싶은 일을 하면서 가장 주체적이고 나다운 삶을 살게 되었다.

행복의 추월차선을 타는 공식
=3C×DIAVO

인간은 기본적으로 삶의 의미와 만족을 찾으려는 욕구와 의지를 가지고 있다. 자신의 인생에서 의미를 찾지 못하거나 만족하지 못한다면 아무런 동기 부여가 일어나지 않기 때문이다. 의미 있고 만족스러운 삶을 살아가기 위해서는 인생비전을 실현하는 행복의 추월차선을 타야 한다. 행복의 추월차선은 의미와 만족이 균형점을 이루며 점차 증대되는 방향으로 나아가는 것이다.

행복의 추월차선 선상에서 당신이 행하는 모든 것들은 자기실현을 이루는 삶과 연결된다. 따라서 행복의 추월차선을 타는 사람은 인생에서 가장 만족스럽고 의미 있는 삶을 살아가며 강력한 내적보상(즐거움, 행복, 성취감, 동기 부여)을 얻는다.

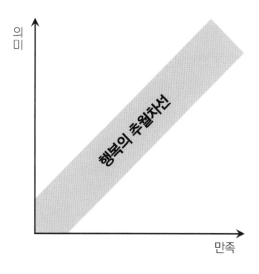

의미

만족

행복의 추월차선

몰입의 즐거움

　행복의 추월차선을 타기 시작하면 오토 모티베이션(자동 동기부여)이 발생한다. 꿈을 향해 나아가는 과정에서 좋은 경험이 축적되고, 이 경험이 다시 동기 부여를 자동화시키기 때문이다. 자동화된 동기 부여는 일에 대한 몰입감을 증대시킨다. 당신은 행복의 추월차선을 타는 동안 완전한 몰입의 즐거움을 경험할 수 있다. 완전한 몰입은 우리 뇌에 이로운 도파민을 분비하고 창의력과 문제해결력을 증진한다.

　일반적인 몰입은 일을 하는 동안 많은 정신적 에너지를 소모한다. 그러나 자기실현의 몰입은 오히려 일하면 일할수록 에너지를 충전시킨다. 자신이 좋아하는 일을 하니 활력이 넘치고 장시간 일해도 피곤함을 못 느끼게 된다. 나와 일 자체가 혼연일체가 되어 덕업일치와 무아지경의 상태로 빠져드는 행복감에 취하도록 만들기 때문이다.

인간의 전체적인 삶 속에서 일이 차지하는 비중은 실로 막대하다. 일하는 동안 스트레스를 받거나 즐기지 못하면 정신적으로 황폐해진다. 자기실현을 통한 몰입의 즐거움은 당신이 하는 일에 대한 마인드를 긍정적으로 바꾼다. 일에 대한 마음의 여유를 갖게 만들고 나무보다 숲을 보는 지혜를 키운다. 당장 눈앞에 보이는 단기적 성과와 이득보다는, 본질적이고 장기적인 성장과 가치에 집중하도록 변화시킨다.

당신은 혹시 힘들고 괴로운 일이라는 것을 알면서도, 어떻게든 그 일을 행하기 위해 자발적인 고통을 감내한 경험이 있는가? 그렇다면 바로 그 일이 자기실현을 완성하는 중요한 퍼즐이 될 수도 있다. 자기실현은 단순히 좋아하고 잘하는 일을 하면서 보람을 얻는 행위가 아니다. 진정한 자기실현은 설령 그 과정이 고되고 난해할지라도 자기 삶에 의미와 만족을 가져다주는 일을 계속해서 행하는 것이다. 그러한 일을 지속하면 불확실한 변수가 생겨도 흔들리지 않게 된다. 일에서 오는 고통과 고비조차 몰입에서 오는 즐거움의 쾌락과 성장을 촉진하는 자극제로 승화시키게 된다.

이처럼 자기실현은 삶에 대한 의미와 만족감을 가져오면

서, 일에 대한 동기 부여와 몰입력을 증대시키는 강력한 힘을 갖고 있다. 그렇다면, 자기실현을 이루는 행복의 추월차선은 어떻게 타는 것일까? 행복의 추월차선은 의미와 만족의 구성요소인 '3C'와 'DIAVO'의 조합으로 완성된다(234쪽의 코칭 플러스를 참고). 즉, 삶의 의미와 만족을 곱셈하면 행복의 추월차선으로 직행하는 성공 등식이 만들어진다. 자, 지금부터 의미와 만족을 구성하는 요소들을 구체적으로 살펴보고 당신만의 인생비전을 구상해보자. 무의식 디깅을 바탕으로 당신만의 자기실현 성공 등식을 완성해보자.

의미의 구성요소: 3C

의미란 삶에서 기대하는 가치를 실현하는 정도를 뜻한다. 사람들은 인생을 살아가는 의미를 찾고 자신이 원하는 기대치를 충족하고 싶어 한다. 의미가 없는 삶은 무력감과 공허함을 가져오기 때문이다. 의미는 창조성Creativity, 지속성Continuity, 유능성Competence을 통해 생성된다. 나는 이 세 가지를 '3C'로 부른다.

» 창조성

창조성이란 자기만의 고유한 능력으로 새로운 가치를 창출하는 것이다. 사람은 누구나 자신만의 성과와 업적을 만들어나가는 것을 선호한다. 어떤 일을 하고 나서 남는 결과물이 없다면 일하는 의미 자체가 상실되는 까닭이다.

» 지속성

지속성이란 어떤 일을 오랫동안 계속할 수 있는 즐거움과 행복의 에너지를 유지하는 것이다. 인간은 일생을 살면서 기쁨과 쾌락을 자주 경험하길 원한다. 그러나 기쁨과 쾌락은 욕구가 충족될 때 나타나는 순간적인 감정에 불과하다. 이전과 다른 쾌락을 얻기 위해서는 보다 큰 자극이 필요하다. 반면에 즐거움과 행복은 기쁨과 쾌락에 비해 지속성이 길면서 안정적이다. 특히 일에 대한 몰입을 통해 발생하는 즐거움은 삶에 뜻깊은 의미와 행복을 가져다준다.

» 유능성

유능성이란 어떤 일을 잘 해낼 수 있다고 생각하는 믿음을 말한다. 사람들은 누구나 자신이 능력 있고 인정받는 존재가 되길 원한다. 자기 잠재력을 최대한 발휘할 수 있는 일을 하면 유능감이 생긴다. 남들과 차별화된 자기만의 역량과 기술적 가치를 검증받으면 유능감은 더욱 증대된다. 유능감을 가진 상태에서 타인의 지지와 긍정적인 피드백까지 추가된다면 더욱 의미 있는 삶을 살아갈 수 있다.

만족의 구성요소: DIAVO

만족이란 마음이 흡족하거나 부족함 없이 충만한 상태를 뜻한다. 사람들은 언제나 만족을 얻기 위해서 살아간다고 해도 과언이 아니다. 만족은 자신의 욕구Desire·흥미Interest·적성Aptitude·가치관Values·대상Object과 부합하는 일을 할 때 획득된다. 나는 만족의 다섯 가지 구성요소를 항목별 영어단어의 앞글자를 따서 'DIAVO'로 부른다.

» 욕구

자신의 무의식에서 요구하는 결핍상태를 충족하기 위해 무엇을 바라거나 취하고자 하는 상태를 의미한다. 욕구는 부, 건강, 우정, 사랑, 호기심, 성취, 인정, 존경, 신뢰, 미, 지식, 화합, 자기계발, 자기실현, 자기초월 등 개인의 심리적 동인에 따라 다양하게 존재한다.

» 흥미

자신이 좋아하는 것으로 어떤 대상에 마음이 끌리는 관심을 의미한다. 흥미를 정확히 파악하기 위해서는 STRONG 흥미검사[어세스타 온라인 심리검사(유료) 또는 워크넷 직업선호도검사(무료)를 추천함]를 실시하는 것이 좋다. 이 검사는 개인의 흥미에 적합한 활동이 무엇인지 구체적으로 알려준다.

검사를 시행하면 여섯 가지 흥미 유형인 'RIASEC 모형'에 따라 자신의 흥미를 파악할 수 있다. 보통 흥미 코드는 SE, AIS와 같이 가장 높은 흥미 척도의 순으로 두세 개 정도로 측정된다.

여섯 가지 흥미유형

유형	관심분야
현실형(Realistic)	기술, 현장, 신체활동
탐구형(Investigative)	관찰, 조사 연구
예술형(Artistic)	문화, 예술, 창작
사회형(Social)	협력, 교육, 봉사
진취형(Enterprising)	사업, 정치, 영향력
관습형(Conventional)	일반사무, 회계, 금융

» 적성

자신이 잘하는 것으로 어떤 일에 적합한 성격과 재능을 갖는 것을 의미한다. 앞서 배운 다중지능이론의 개념과 비슷하다고 보면 된다. 적성의 종류로는 커뮤니케이션능력, 수리력, 상황판단력, 집중력, 문제해결력 등이 있다.

» 가치관

자신의 전반적인 라이프 스타일에서 중요하게 생각하는 태도와 판단기준을 의미한다. 가치관은 내적 가치관과 외적 가치관으로 분류된다. 내적 가치관은 성취감, 독립성, 발전성, 다양성, 심미성 등이 있다. 외적 가치관은 지위, 보수, 안정, 인정, 영향력 등이 있다.

» 대상

자신이 되고 싶거나 타깃으로 삼은 것을 의미한다. 되고 싶은 대상은 직업이나 사회적 위치, 역할, 자격 등이 해당한다. 타깃으로 삼은 대상은 특정 인물을 롤모델 삼거나 갖고 싶은 사물을 말한다.

비전
선언문

　인생비전은 찾는 것이 아니라 만드는 것이다. 행복의 추월 차선을 타는 공식을 바탕으로 당신만의 인생비전을 구체적으로 정의해보자. 인생비전을 글로 표현한 비전 선언문을 작성하면 자기실현이 한 걸음 더 가까워질 것이다. 비전 선언문은 삶의 방향성과 목적의식을 고취시킨다.

　비전 선언문은 인생비전에 관한 세 가지 물음인 왜Why+어떻게How+무엇을What에 관한 답을 연결하여 완성된다. 우선 '왜'는 인생비전을 달성하고자 하는 이유와 믿음이 담겨야 한다. '어떻게'는 인생비전을 실현하는 방법이다. 마지막으로 '무엇을'은 인생비전을 달성한 상황이나 상태를 뜻한다. 작성을 돕기 위해 내 인생비전을 예로 들어 설명하겠다.

Step 1.

우선 다음과 같이 각각의 항목별로 문장을 작성한다.

· 왜: 사람들의 자기실현과 정신적 자유를 이루도록 돕고 싶다.

· 어떻게: 7단계 자기초월의 법칙을 통해 초월자가 되는 길을 안내한다.

· 무엇을: 세상에 선한 영향력과 영감을 주는 초월자로 살아간다.

Step 2.

항목별로 작성된 문장을 다시 간결하게 한 문장으로 요약한다. 이 문장이 바로 자신의 비전 선언문이자 인생비전이다.

· 사람들의 자기실현과 정신적 자유를 돕기 위해 자기초월의 법칙을 안내하는 초월자로 살아가는 것

이처럼 비전 선언문은 왜, 어떻게, 무엇을, 이 세 가지 물음을 연결하여 완성된다. 비전 선언문 작성 시 가장 중요하게 고려해야 할 항목은 '왜'를 정의하는 것이다. '왜'를 발견하는 것은 자신의 무의식적 욕망이 전달하는 메시지를 풀이한 것과 다름없다.

《나는 왜 이 일을 하는가?》의 저자 사이먼 사이넥Simon Sinek 은 '골든 서클'이라는 개념을 토대로 '왜'라는 물음의 중요성을 강조하였다(유튜브에서 사이먼 사이넥의 TED 강연을 검

색하고 반드시 시청해보자). 골든 서클은 'WHY의 법칙'으로 통용되며, '왜Why'라는 물음에서 시작해 안에서 밖으로 생각하는 사고방식을 말한다. 사이먼 사이넥은, 바로 이 '왜'로부터 시작하는 사고를 실행할 때 지속 가능하고 의미 있는 성과를 거둔다고 말한다.

'왜'를 먼저 규정하면 나머지 '어떻게'와 '무엇'을 실행하는 동기 부여이자 원동력으로 작용하게 된다. 따라서 당신은 행복의 추월차선을 타는 공식을 참고하여 자신만의 '왜'를 찾아야 한다.

당신의 3C와 DIAVO를 구성하는 요소가 무엇인지에 따라 다양한 비전 선언문을 만들 수 있다. 비전 선언문을 작성하면서 행복의 추월차선을 타는 모습을 떠올려 보자. 그 장면을 구체적으로 상상하면서 어떤 장면이 보이는지, 무슨 소리가 들리는지, 향은 어떤지, 감촉은 어떤지 느껴보자.

〈비전 선언문 예시〉

· 세상을 더욱 편리하게 만들기 위해**(왜)** 기존에 없던 혁신적인 제품과 서비스를 개발하는**(어떻게)** 위대한 기업가가 되는 것**(무엇을)**

· 도움이 필요한 사람을 돕기 위해**(왜)** 비영리 재단을 만들고**(어떻게)** 나눔과 기부를 실천하는 사람이 되는 것**(무엇을)**

· 존경받는 삶을 위해**(왜)** 꾸준한 자기계발과 도전정신으로**(어**

떻게) 한 분야에서 인정받는 선구자로 살아가는 것**(무엇을)**

이제 당신만의 비전 선언문을 만들어 보자(235쪽의 코칭 플러스를 참고). 잘 만들어진 비전 선언문은 자기실현을 추구하는 방향성이 흔들리지 않도록 도움을 준다. 자기실현은 비전 선언문에 작성된 내용들을 그대로 이행하면 끝이다. 비전 선언문을 완성했다면 큰소리로 한 번 낭독해보자. 또한 읽는 데 그치지 않고 인생비전을 실현하는 자그마한 일부터 즉시 행동으로 옮겨보자. 당신은 비전 선언문과 연관된 일들을 실천하는 것 자체로 자기실현을 이루는 삶을 시작하게 될 것이다.

자기실현을 위한
네 가지 마인드 셋

모두에게 유익한 가치를 제공하라

대부분 사람은 돈, 외모, 인기, 명예와 같은 물질적 욕망과
목표를 추구하는 삶을 산다. 그러나 이러한 삶은 자기 내면의
진정한 욕구를 채우지 못해 공허함만을 불러올 뿐이다. 원하
는 목표를 성취해도 끊임없이 남과 비교하면서 자신이 가진
것에 만족감을 얻지 못한다. 심각한 경우 자기 주체성을 잃어
버리고 맹목적인 삶을 살아가게 된다. 인간의 욕망은 끝이 없
어서 결코 물질적인 것만으로 정신적인 만족감을 채우지 못한
다. 물질에서 오는 만족은 정신에서 오는 만족을 상회할 수 없

다. 이미 막대한 부를 이룩한 부자와 재벌들이 계속해서 일하는 이유가 여기에 있다.

전 세계 상위 0.1%의 부자로 꼽히는 투자의 귀재 워런 버핏, 테슬라 CEO인 일론 머스크, 페이스북(메타)의 창업자 마크 저커버그, 이들은 모두 막대한 부를 일궜음에도 불구하고 계속해서 일한다. 게다가 자신만의 성공 비밀과 지식, 노하우를 수많은 사람에게 공유한다. 왜 그럴까?

진정한 부자들은 경제적 자유를 이룬 상태에서도 끊임없이 일하면서 다양한 성취감과 업적을 획득한다. 부자들은 바보가 아니다. 그들이 자기 일에 온전히 몰입하는 이유는 자기실현에서 오는 가치를 얻기 위함이다. 진정한 부자는 돈을 좇는 삶을 살지 않는다. 돈의 의미와 가치는 일정 수준이 넘으면 사라지기 마련이다. 참된 부자는 자신에게 의미와 가치를 가져다주는 삶이 무엇인지 알고 있다. 그들은 언제나 자신만의 '왜(내적 목적)'를 따름으로써 스스로를 동기부여하고 세상에 선한 영향력을 전파한다.

만약에 경제적 자유와 성공을 달성했음에도 자기실현을 이루지 못한 삶을 살아간다면 어떨까? 결국 아무리 사회적으로 인정받고 많은 돈을 벌더라도 행복한 삶과는 점점 거리가 멀어지고 무엇을 해도 불만족스러운 삶을 살아갈 것이다. 나아가서는 삶의 의미와 방향성 또한 잃어버릴 수 있다.

참된 부자는 목표가 아닌 목적을 추구한다. 목표란 오직 목적으로 향하는 과정으로 존재할 때 비로소 가치가 부여된다. 진정한 부자는 행복에 대해 자신만의 확고한 원칙과 기준을 갖고 있다. 자신이 정한 행복의 정의대로 사는 인생은 곧 자기실현의 삶이다. 고로 진정한 부자는 궁극적으로 자기실현을 통해 누릴 수 있는 행복을 얻기 위한 삶을 살아간다.

마음이 풍족한 부자가 진정한 부자다. 단순히 돈이 많다고 부자가 아니다. 마음이 부자여야 어떠한 결핍도 없는 진짜 부자로 거듭난다. 우리는 자기실현으로 덕업일치의 삶을 살아갈 때 인생의 진정한 행복과 풍요를 맛볼 수 있다. 일이 일로 느껴지지 않고 일을 하는 그 과정 자체에서 몰입의 즐거움이 발생하기 때문이다.

자기실현은 결코 부자만이 할 수 있는 영역이 아니다. 설령 현재의 삶이 물질적으로 부족하다고 할지라도 자기실현을 하는 '부자 마인드 셋'을 갖는 것은 누구나 가능하다. 부자 마인드 셋을 가지면 4단계 자기긍정예언의 원리에 따라서 실제 부자가 되는 현실을 끌어당긴다. 부자 마인드 셋이 반영된 자기실현은 모두에게 유익한 가치를 제공하는 일이다. 즉, 자신뿐만 아니라 사람들이 원하고 필요로 하는 욕구를 채워주는 것이다. 이러한 일을 하면 그 가치와 대가에 걸맞은 보상이 자동으로 따라온다. 타인을 돕는 기버 마인드를 지닌 자기실현은 당신의 삶을 풍요로 가득 채운다.

채우지 말고 강화하라

우리는 인생을 살아가면서 자신에게 부족한 부분을 채우기 위해 노력한다. 각종 공부와 자기 계발, 운동, 독서, 명상 등 수많은 노오력들은 지금보다 더 나은 삶을 살아가기 위한 다짐이자 실천이다.

'박사학위만 따면 내 인생이 더 완벽해질 텐데.'
'이 자격증을 취득하면 인생이 달라지겠지?'
'열심히 강의 듣고 자기 계발하면 성공하게 될 거야.'

물론 이러한 노력이 결코 잘못되거나 낭비되는 시간은 아니다. 그러나 자신이 궁극적으로 원하는 삶을 정의 내리지 않은 채 목표만 쫓아가는 인생은 방향성을 잃어버리기 쉽다. 자기실현은 타인에 의해 규정되거나 구현되지 않는다. 자기실현은 오직 나만의 '인생비전'을 스스로 정의하고 실현할 때 현실로 이뤄진다.

그러나 우리의 현실은 어떠한가? 사람들 대다수는 자신에게 부족한 것을 채우기 위한 명목과 동기 부여를, 자신이 아닌 타인으로부터 찾는다. 이를테면, 막대한 부와 성공을 이룬 사람들을 떠올리거나 롤모델 삼아 그들과 유사한 삶을 살아가려고 한다. 자기 자신을 아무리 발전시켜도 아직 남들보다 뭔가 부족하거나 모자란다고 여기기 때문이다.

이렇게 자기만의 인생비전이 명확하지 못하면 나다움을 상실하게 된다. 마치 '수박 겉핥기'식으로 '타인의 삶'만 모방하는 수동적인 인생을 살아가게 되는 것이다. 주체성을 상실한 인간은 자기가 원하는 삶이 무엇인지도 모른 채 무엇을 성취해도 공허함과 결핍감을 느낄 수밖에 없다.

인생에 뚜렷한 목적과 방향성 없이 그때그때 이것저것 부족함만 채워나가는 행위들은 삶의 만족도를 떨어뜨린다. 또한 인생에 수많은 갈림길과 선택지 사이에서 고민과 방황을 겪도록 만든다. 심한 경우 불안과 걱정, 우울, 무기력과 같은 부정적인 감정에 지배당하게 된다. 이러한 사이클이 악순환되면 최악의 경우 자존감이 급락하면서 자기사랑이 아닌 자기비하와 자기혐오를 하게 된다.

당신의 인생비전을 구체적으로 디자인한다면, 앞으로 무엇을 해야 할지 뚜렷해진다. 예를 들어, 당신이 남들을 돕는 사람이 되고 싶다면 '도움'을 줄 수 있는 역량을 키워야 한다. 많은 사람에게 인정받는 사람이 되고 싶다면 자신의 분야에서 '존경'을 받을만한 업적을 쌓아야 한다. 여기서 '도움'과 '존경'은 곧 자기실현을 완성하는 핵심 키워드이자 본질이다.

결국 자기실현이란 나의 부족함을 채우는 일이 아니라 나만이 가진 고유한 본질적 역량을 강화해 나가는 과정이다. 자신에게 의미와 만족을 가져다주는 일을 하면서 돈을 벌고, 다시 그 돈을 자기실현 증진에 투자하는 삶이 가장 바람직하다. 이러한 선순환 구조가 정착되면 자기실현이 구현되는 차원이 계속해서 레벨업하고 업그레이드된다. 진정한 자기실현은 '채움'이 아닌 '강화'에서 이뤄진다는 사실을 기억하자.

당신은 어떤 일을 하는 과정 자체만으로 행복함을 느낀 적이 있는가? 자기실현은 당신이 좋아하고 잘하는 일을 통해 얻는 즐거움의 수준을 뛰어넘는다. 본질을 강화하는 자기실현의 삶을 살면 인생 자체로 행복해지고 자신을 사랑하는 마음이 생겨난다. 일을 하는 과정 자체에서 즐거움과 행복함을 느끼는 까닭이다. 자기실현의 삶으로 당신이 지닌 원석을 원하는 모양으로 다듬어 나가보자. 그럼 필시 보석과도 같은 찬란한 삶을 맞이하게 될 것이다.

네 운명을 사랑하라

당신은 아모르파티Amor fati의 뜻을 아는가? 혹시 가수 김연자 님의 띵곡으로만 알고 있는 것은 아닌지 모르겠다. 아모르파티는 '네 운명을 사랑하라.'라는 뜻을 가진 라틴어이다. 자기 삶과 운명을 사랑하는 마음은 자기실현을 하는 초월자의 정신과 일맥상통한다.

우리는 자기 자신뿐만 아니라, 자기 운명까지 사랑할 줄 알아야 한다. 자신에게 주어진 모든 것을 사랑하지 않는다면 진정 나를 사랑한다고 말할 수 없다. 초월자는 어떠한 상황에서도 자기 운명을 받아들이고 사랑하도록 만드는 아모르파티 정신Amor Fati Spirit을 가진다.

초월자는 운명이 가져오는 불확실성과 예측 불가능성을 두려워하지 않는다. 자신의 눈앞에 펼쳐지는 과정이 어떻든 간에 어차피 끝에는 원하는 결과가 뒤따른다는 것을 아는 까닭이다. 초월자는 운명에 언제든지 찾아올 수 있는 시련과 고난을 회피하지 않는다. 오히려 이러한 운명을 반기고 환영하며 자신을 성장시키는 기회이자 자양분으로 삼는다. 초월자는 절망적이고 극한 상황 속에서도 언제나 삶의 의미와 가치를 찾아낸다.

결국, 운명이란 우리가 어떻게 받아들이고 대처하느냐에 따라서 달라지기 마련이다. 천국과 지옥은 우리의 마음가짐에 따라 결정된다. 우리의 마음이 밝고 평온하다면 그곳이 곧 천국이다. 반대로 우리의 마음이 암울하고 고통스럽다면 그곳은 지옥과 같다. 사람은 누구나 실수하고 실패할 수 있다. 그리고 누구나 고난과 트라우마를 겪을 수 있다. 이 모든 현상은 지극히 자연스러운 인생의 과정일 뿐이다.

과거 내 인생은 실패와 고난, 좌절의 연속이었다. 어린 시절 부잣집에서 가난한 집으로 순식간에 나락 하면서 가정형편이 어려워졌다. 집안이 가난해지자 나 역시 자신감이 떨어졌고 인생이 하향곡선을 타기 시작했다. 고등학교 재학 시절 내내 불안장애와 불면증에 시달렸다. 이 여파로 수능시험을 망쳤고 원치 않던 학교에 들어가 만족스럽지 못한 대학 생활을 했다. 배우 데뷔의 부푼 꿈을 가지고 도전한 연극영화과로의 편입시험도 안타깝게 낙방하였다. 취업한 후에도 돈 한 푼 제대로 모으지 못했다. 거의 8년간 매달 월급의 70%가량을 집안의 가계 빚을 갚는 데 보태야 했다.

내 삶은 이렇게 절망적인 상황을 여러 번 맞이했지만, 나는 최악의 상황에서도 희망을 잃지 않았다. 나는 영화 〈세 얼간이〉에 나왔던 알이즈웰All is well란 말을 좋아한다. 그래서 '어떠한 고난과 역경이 닥쳐도 결국 모두 잘될 거야.'라는 자기긍정예언의 마인드를 장착하고 위기 극복을 위한 행동을 실천했다. 또한 자기통제력을 바탕으로 포기를 종용하는 무의식의 충동을 억제하였다. 아모르파티 정신으로 실패하고 넘어져도 끝까지 자기실현하였다.

아모르파티 정신은 운명을 바꾸는 강력한 나비효과를 가져왔다. 나는 고난과 역경, 실패와 위기를 극복하는 과정을 거듭하며 압도적인 성장을 경험하였다. 나는 언제나 고된 운명이 가져다주는 메시지를 생각했다. 어느 것 하나 의미 없는 고난과 시련은 없다고 생각했다. 나는 실패를 벗 삼아 내가 지닌 문제점을 보완하고 개선하였다. 때로는 자기반성을 통해 내가 저지른 실수와 판단 착오를 돌이켜 보고 같은 실수를 되풀이하지 않도록 노력했다. 나는 자기실현을 하면서 능력을 계속

업그레이드시켰다.

결국 내게 주어진 운명은 나를 초월자의 세계로 이끌었다. 세상이 어떻든, 나는 언제나 자기실현의 삶을 살았다. 불확실성과 변동성이 가득한 상황 속에서도 내 가능성과 잠재성을 최대한 발현시켰다. 나는 고된 운명이 주는 시련과 한계를 극복하는 과정에서 진정한 희열과 성취감을 맛보았다. 그뿐만 아니라 피할 수 없는 운명적인 상황 속에서도 평정심과 여유가 생겨났다. 최악의 상황조차도 외려 손실보다는 이익을 전해준다는 것을 깨달았기 때문이다. 나의 고된 운명은 언제나 자기실현에 필수적인 역량을 강화하는 촉매제로 작용하였다.

이처럼 아모르파티 정신은 자기실현에 본질적인 역량을 강화하고, 그 삶에 몰입하도록 만든다. 당신의 삶에 어떠한 불행이 닥쳐와도 아모르파티의 정신을 가진다면, 심적인 여유와 안정감이 생겨날 것이다. 또한 운명이 전하는 숨겨진 메시지를 발견하고, 깊은 깨달음과 통찰력을 얻게 될 것이다. 가장 중요한 건 어차피 자기실현의 삶에서 실패와 고난은 크게 의미가 없다는 사실이다. 이미 자기실현을 해나가는 그 자체로 충분히 훌륭한 삶이기 때문이다.

필요하다면 언제든지 새로고침하라

인생비전의 장점은 언제든지 새로고침이 가능하다는 점이다. 중도에 멈추거나 고치고 싶은 일이 생기면, 새로고침을 통해 인생에 새 페이지를 다시 불러들이면 된다. 쉽게 말해서, 자기 뜻대로 되지 않으면 수정하면 된다.

유튜브나 영화도 찍어놓은 장면을 중도에 멈추고 컷 편집을 통해 가장 최적의 영상을 송출한다. 글쓰기 역시 초안을 작성한 후 퇴고를 거쳐서 완성도를 높인다. 하다못해 천문학적인 금액의 우주선도 원하는 궤도에 진입하기 위해 궤도수정을 한다. 그러니 결과에 너무 집착하거나 연연할 필요 없다. 방향성이 어긋났다면 다시 바로 잡으면 그뿐이다.

새로고침 일화를 소개하겠다. 과거 나의 인생비전은 '세상에 긍정적인 영향력과 메시지를 전달하는 사람이 되는 것'이었다. 이에 인생비전을 실현하기 위해 영화배우가 되겠다는 꿈을 가졌다. 연기를 통해 관객들에게 분명한 메시지와 감동을 전해주는 사람이 되고 싶었기 때문이다. 배우는 당시 나의 인생비전과 딱 알맞게 들어맞는 직업이었다. 그래서 연기를 하는 동안은 나름대로 의미 있는 삶을 사는 것 같았다.

하지만 갈수록 악화되는 집안의 경제 사정 탓에 기약 없는 배우 지망생 생활을 더 이상 지속하기가 힘들었다. 더군다나 연기를 하면 할수록 배우라는 직업이 가진 속성이 나와 부적합하다는 것을 깨닫게 되었다. 나는 연기와 관련한 타고난 재능과 경험이 부족했다. 또한 배우는 배역을 선택하는 권한이 없기에 주체적인 내 성향과도 맞지 않았다. 결국 나는 깊은 고민 끝에 배우의 꿈을 접기로 하였다.

나는 배우의 꿈을 포기한 후 인생비전을 새로고침 하였다. 새로운 인생비전은 '세상을 가치 있게 만들기 위한 서비스를 제공하고 사회에 공헌하는 이로운 사람이 되는 것'이었다. 이 인생비전을 실현하고자 공익 사단법인에 입사하여 공공일자리 사업을 기획하고 운영하는 일을 했다. 회사에서 정부-기업-근로자-구직자를 연결하는 가교역할을 수행하였다. 청장년 구직자의 일자리를 지원하는 일은 분명 유익하고 보람된 일이었다. 직장생활을 하는 동안 자기실현의 삶을 살며 충분히 만족스러운 시간을 보냈다.

나는 회사 일을 하면서 생각보다 자신이 무엇을 좋아하고 잘하는지 뚜렷하지 못한 청년들이 많다는 것을 알게 되었다 (사실 이는 모든 교육 시스템이 대학입시에만 맞춰져 있는 우리나라 주입식 교육의 폐해다). 진로에 대한 고민을 지닌 건 비단 청년들뿐만이 아니었다. 이미 수십 년간 회사생활을 경험한 중장년층 재직자나 퇴직 예정인 시니어들도 마찬가지였다. 자신이 하고 싶은 일이 아닌, 해야만 하는 일들을 억지로 하면서 만족도가 낮은 삶을 살아가는 사람들이 부지기수였다.

이러한 상황을 겪으면서 내 아에 잠재된 무의식은 또 다른 욕구를 갈망하고 있었다. 나는 예전에 나처럼 진로 문제로 방황하는 사람들을 직접적으로 돕고 싶었다. 더 상세히 말하자면, 많은 사람이 자기실현 하는 삶을 살아가도록 지원하는 든든한 조력자가 되고 싶었다. 타인의 자기실현을 돕는 일 자체가, 곧 나의 자기실현을 이루는 길이라는 생각이 들었다.

나는 사람들이 가진 고충을 살피고, 그들이 긍정적으로 변화해나가는 모습을 볼 때 무엇보다 큰 행복을 느끼는 사람이다. 나는 천성적으로 사람을 좋아하며 소외된 이들을 그냥 지나치는 것을 싫어한다. 또한 타인과 소통하고 공감하는 것을 즐기며, 사람이 가진 잠재력과 가능성을 개발하는 데 흥미가 있다. 그래서 회사업무 중에서도 사람들과 직접 대면하여 강의, 컨설팅, 코칭과 같은 일을 할 때가 가장 적성에도 맞고 보람을 느꼈다.

'사람들의 자기실현을 돕는 삶'은 나의 성향과 적성에 맞으면서 가장 행복하게 실행할 수 있는 일이었다. 하지만 직장인은 개인 활동이 제한되어있어 많은 사람에게 직접적인 도움을 제공하는 데 한계가 있었다. 결국 나는 회사 퇴직 후 커리어 전환을 위한 큰 뜻을 품고 새로운 직업을 갖기로 결심했다.

현재 내 인생비전은 '사람들의 자기실현과 정신적 자유를 돕기 위해 자기초월의 법칙을 안내하는 초월자로 살아가는 것'이다. 나는 현재 라이프 코치Life Coach로서 고객이 가진 무한한 잠재력을 개발하도록 지원하고 있다. 라이프 코치는 고객 스스로 문제를 해결하고 목표를 달성하도록 촉진하는 역할을 수행한다. 코칭 고객이 삶의 전반적인 영역에서 성장과 행복을 증진할 수 있도록 지원하는 일이 라이프 코치의 역할이다.

나에겐 라이프 코치라는 공식적인 직업명과 공개적인 직업명이 따로 있다. 나는 평소에 나를 마인드 어드바이저로 소개한다. 마인드 어드바이저는 사람들의 마음을 어루만지며 따듯한 조언을 건네는 사람을 지칭한다. 마인드 어드바이저로서 내가 행하는 모든 일들은 자기실현을 이루는 삶과 연결된다. 나는 현재 인간의 성장과 행복에 필요한 지식 콘텐츠를 발행하는 작가이자 크리에이터로도 활동하고 있다. 이에 네이버 블로그와 브런치스토리에 주기적으로 다양한 칼럼과 글을 올리고 있다. 지금 작성 중인 이 책 역시 자기실현의 일환이다. 나는 내가 선택한 일들을 진심으로 사랑한다. 때때로 많은 일을 해도 스트레스를 받거나 피곤함을 느끼지 않는다. 오히려 일하면서 에너지를 얻고 완전한 몰입의 즐거움을 만끽한다.

나는 매일 하루 의미 있는 삶을 살아가면서 완전한 성취감과 행복감을 느끼고 있다. 나에게 코칭을 받은 클라이언트가 행복한 인생을 살아가는 모습을 지켜보는 것만으로도 뜻깊고 흐뭇하다. 자기실현은 내게 인생의 아름다움과 행복을 선물해 주었다. 나는 앞으로도 나와 인연이 된 모든 이들의 성장과 행복을 꽃피우는 삶을 살아갈 것이다. 이것이 바로 가장 나답ㄱ

의미 있는 삶을 실현하는 자기실현의 길이기 때문이다.

　이제 당신 차례다. 당신만의 인생비전을 이루는 장면을 하나하나 떠올려 보자. 만약 그 장면이 구체적으로 그려지지 않으면 다시 새로고침 해보자. 장면을 이어 나가면 과정이 되고 과정이 합쳐지면 결과가 된다. 핵심은 과정이나 결과 모두 다 자기실현의 연장선에 있다는 사실이다. 그러니 온전한 나의 힘을 믿고 행복의 추월차선을 타는 삶을 시작해보자.

인생비전 매트릭스

　인생비전 매트릭스는 의미와 만족을 가져다주는 요소인 3C와 DIAVO를 조합하여 작성하는 것이다. 앞서 배운 행복의 추월차선을 타는 공식과 샘플을 참고하여 당신만의 인생비전 매트릭스를 완성해보자. 꼭 모든 빈칸을 다 채울 필요는 없다. 가로축과 세로축을 조합해 각 열에서 대표적인 키워드를 하나만 찾아보자. 아래는 윤왕의 인생비전 매트릭스를 기재한 것이다. 창조성-흥미를 조합하여 도출한 '글쓰기'는 나에게 창조적인 일이자 흥미로운 일이다. 유능성-대상의 조합으로 탄생한 라이프 코치는 내 잠재력을 최대한 발휘할 수 있는 직업이다. 인생비전 매트릭스를 완성하면 보다 디테일한 비전 선언문을 만들기 위한 토대가 마련될 것이다.

윤왕의 인생비전 매트릭스

의미 \ 만족	욕구 (Desire)	흥미 (Interest)	적성 (Aptitude)	가치관 (Values)	대상 (Object)
창조성 (Creativity)	문제해결	글쓰기, 강의	아이디어 기획	자율, 변화	작가, 사업가
지속성 (Continuity)	자기실현, 성장	마음공부	소통력, 공감력	선한 영향력	멘토, 초월자 정신적 자유
유능성 (Competence)	자기초월, 영성지능	심리분석	마인드 컨트롤 통찰력	계몽	라이프 코치

_____ 의 인생비전 매트릭스

의미 \ 만족	욕구 (Desire)	흥미 (Interest)	적성 (Aptitude)	가치관 (Values)	대상 (Object)
창조성 (Creativity)					
지속성 (Continuity)					
유능성 (Competence)					

_____ 의 비전 선언문

비전 선언문 작성

① 왜(Why) : 나는 이 일을 왜 해야 하는가?

_____

_____

② 어떻게(How) : 인생비전을 어떠한 방법으로 실행할 것인가?

_____

_____

③ 무엇을(What) : 자기실현을 이룬 나의 모습은 무엇을 나타내는가?

_____

_____

④ 비전 선언문 : 문항 ①, ②, ③을 하나로 이은 핵심 메시지를 기재해보자.

_____

_____

우리 모두는 본래 존재 자체로 완전하다.
분절의식이 빚어낸 환영에 사로잡히지 않는 자는
자기초월의 초의식을 만난다.
초의식을 통해 자신의 완전함을 깨닫는 자는
무한한 정신적 자유를 누린다.

자기초월

자기초월은 초의식의 정체성을 가진 사람으로 존재 자체로 완전한 초월자가 되는 것을 말한다. 초의식은 의식의 전체로서 공간적 무한함과 시간적 영원함을 초월한 모든 곳에 존재한다. 현재의식, 잠재의식, 무의식은 본질적으로 유일한 초의식에 의해 하나로 통합된다. 초의식은 자기초월의 영적의식으로 모든 존재의 근원이자 본질이다.

완전한 나를
알아가는 여정

지금까지 당신은 의식의 차원이동을 통해 현재의식과 잠재의식, 그리고 무의식을 컨트롤하는 방법을 알아보았다. 하지만 진정한 초월자가 되기 위해서는 당신이 시작한 이 여정의 최종 목적지에 도달해야 한다. 자기초월 여정의 최종목적은 초의식의 세계를 탐구하는 것이다.

자기초월이란 초의식의 정체성을 가진 사람으로 존재 자체로 완전한 초월자가 되는 것을 말한다. 당신은 자기초월을 통해 초의식의 세계를 온전히 경험할 수 있다. 자기초월을 이룬 사람은 자기 마음을 괴롭히는 온갖 번뇌로부터 해방되어 초의식의 세계로 들어가게 된다.

자기 한계를 초월할 때 '진정한 나'를 발견하는 순간이 찾아온다. 이 '진정한 나'가 곧 '참나'다. 초월자는 초의식 세계에 자리한 참나(참된 나, 본질적 자기)를 온전히 자각한다. 참나는 존재 자체로 완전한 초의식의 정체성을 가진다. 따라서 참나란 곧 초의식이고 초의식이 곧 참나다.

초의식은 완전무결하고 영원불멸한 에너지다. 초의식은 의식의 전체로서 무한하고 영원하기에 생성, 소멸, 이동될 수 없다. 참나는 무한한 가능성과 잠재력, 창조, 자비, 사랑, 활력, 행복, 평화를 느끼는 초의식의 세계에 존재한다. 참나는 초월자로서 무한한 정신적 자유와 풍요를 느끼며 살아간다.

자기초월의 법칙으로 인간, 본능, 운명, 정신이 가진 네 가지 차원의 한계를 초월할 때 진정한 초월자로 거듭난다. 초월자는 인생의 모든 속박과 한계를 뛰어넘는 마음의 지혜를 갖추고 있다. 따라서 당신과 나, 그리고 우리는 모두 초월자가 되어 본질적 자기인 참나로 살아가야 한다.

안타깝게도 사람들은 자신이 본래 존재 자체로 완전하다는 사실을 망각하고 있다. 초의식을 자신과 동떨어진 차원으로 인식해서다. 그러나 초의식은 근본적으로 당신 자신이다. 본질적 자기의 완전함을 깨닫는 순간 초월자로 진입하는 길이 열린다. 결국 의식의 차원이동을 통해 초의식의 세계를 탐구하는 것은 한계 없는 완전한 나를 알아가는 여정이다.

그러나 내면세계의 여행은 외부세계의 여행과 달리 마냥 신나고 즐거운 일만 가득한 것은 아니다. 물질세계에서 비롯된 세속적인 감정과 집착, 욕망을 모두 초월해야 하기 때문이다.

초월자는 전체의식(초의식)에서 분리된 분절의식(초의식에서 분리된 현재의식, 잠재의식, 무의식을 통칭)이 생성하는 생각과 감정을 자신과 동일시하지 않는다. 다시 말해서, 분절된 의식의 너머에 초의식이 기다리고 있다. 초의식과 하나된 본질적 자기인 참나로 살아가는 것, 이것이 우리가 가야 할 자기초월 여정의 끝이자 시작점이다.

초월적 자기실현

앞서 설명했듯이, 우리 개개인의 목적을 실현하는 것은 곧 자기실현이다. 그렇다면, 모든 사람이 공통으로 추구해야 할 목적은 무엇일까? 바로 자기초월을 통한 초월적 자기실현이다. 초월적 자기실현이란 쉽게 말해서 초월자 자체로 살아가는 삶을 말한다. 즉, 초의식 차원에 존재하는 본래의 나로서 참된 자기를 실현하는 것이다.

앞서 자기실현은 무의식에서 열망하는 욕구를 실현한 이상적 자기로 살아가는 삶이라고 말했다. 사실 자기실현의 삶만 살아도 충분히 행복한 인생을 살아갈 수 있다. 그러나 자기실현을 이룬 사람일지라도 물질세계에 종속되어있는 한 완전한 정신적 자유와 행복을 얻지 못한다. 인간은 물질세계를 살아가는 동안 오감을 통해 세상을 받아들이기 때문이다. 이 과정에서 자연적으로 개인의 생각과 행동이 개입되고 희로애락의 감정과 욕망, 집착이 생겨난다.

물질세계에서 비롯된 세속적인 감정들은 모두 초의식의 차원에서 분리된 분절의식이 빚어낸 환상에 불과하다. 하지만 사람들은 자기 내면의 초의식을 자각하지 못한 채 분절의식에 종속되고 동화된 삶을 살아가고 있다. 자신을 괴롭히는 생각과 감정이 모두 이 분절의식이 빚어낸 것을 모른 채 말이다.

자기 내면의 초의식을 자각하지 못하는 사람들은 물질세계에서 비롯된 물욕과 탐욕, 명예욕, 질투, 불신, 두려움, 허영 등의 감정을 느끼며 정신적으로 평안하지 못한 삶을 살아간다. 분절의식은 물질세계로부터 에너지를 공급받으며 다양한 생각과 감정을 끊임없이 생산한다.

현재의식은 당신이 자기라고 믿는 생각과 감정의 이미지를 자동으로 생산한다. 잠재의식은 꿈과 기억에 의존하여 현재의식에 영향을 미친다. 무의식은 본능과 결핍을 에너지 삼아 잠재의식과 현재의식을 지배한다. 이렇게 인간은 분절의식에서 파생된 생각과 감정을 자신과 동일시한다. 분절의식이 만들어낸 환영에 취해 현실을 착각하고 혼동하기 때문이다.

분절의식으로 당신의 정체성을 규정하는 것은 자신의 한계를 가로막는 일이다. 당신은 자기 스스로 제한한 한계에 의문을 품어야 한다. 세속적인 세상을 초월하여 완전한 정신적 자유를 얻는 방법은 자기초월을 이루는 것이다. 분절의식에서 비롯된 속박과 굴레, 세속적인 감정과 욕망, 이것들을 모두 초월한 현실을 사는 것이 초월자의 삶이다.

당신이 초월자가 된다면 분리된 의식을 통합하여 절대적이고 완전한 초의식 차원의 자기로 살아갈 수 있다. 당신의 결정에 따라 언제든지 초의식의 세계로 진입할 수 있다. 당신의 마음은 본래 하나의 전체의식인 초의식으로 이루어져 있기 때문이다. 초의식은 분절의식을 정화하고 하나로 통합한다. 하나로 통합된 의식 차원은 당신의 지금을 바꾸고 일상을 바꾸고 현실을 바꾼다.

4차원의 세계: 우리가 실제 존재하는 현실

초의식의 힘을 제대로 이해하기 위해서는 우선 차원에 대한 개념 정리가 필요하다. 인간의 육체를 비롯한 이 세상은 3차원으로 이루어져 있다. 우리는 3차원의 세계 안에서 전후·좌우·상하로 움직일 수 있다. 3차원의 세계를 한마디로 정의하자면 공간이다.

공간은 차원으로 불리는 세 개의 좌표 x(가로), y(세로), z(높이)로 구성된다. 0차원인 점과 점이 이어져 1차원의 선이 되고, 1차원의 선과 선을 이으면 2차원의 면이 된다. 마지막으로 2차원의 면과 면을 하나로 이으면 3차원의 입체를 가진 공간이 탄생한다.

공간이란 특정 사건이 일어날 수 있는 하나의 차원이다. 우리는 점·선·면·높이로 구성된 여섯 개의 면에 둘러싸인 입체적인 공간 안에 살고 있다. 그러나 우리가 실제 존재하는 현실은 3차원의 공간에 또 하나의 차원이 연결된 4차원의 세계로 이루어져 있다. 이 또 다른 차원은 바로 시간이다.

차원의 전개도와 속성

구분	1차원	2차원	3차원	4차원
모양				
형태	선(두 개의 점)	면(네 개의 선)	입체 공간 (여섯 개의 면)	초입체 (여덟 개의 입체)
측정	길이	넓이	부피	시공간

4차원의 세계는 한마디로 시공간이 하나로 합쳐진 세계다. 물리학자 아인슈타인A. Einstein은 특수상대성 이론을 통해 최초로 시공간의 연결성을 밝혀냈다. 그는 시간과 공간이 서로 독립적으로 분리되어 있지 않고 움직이는 속도에 따라 상대적으로 변화한다는 것을 과학적으로 증명했다.

수학자 헤르만 민코프스키Hermann Minkowski는 아인슈타인의 특수상대성 이론을 체계적으로 재해석하였다. 그는 시간과 공간이 합쳐져 하나의 4차원적 시공간으로 존재한다는 것을 밝견했다. 즉, 우리가 살아가는 실제 세계는 공간+시간의 축이 더해져 4차원의 시공간으로 이루어져 있다는 것이다.

4차원은 3차원의 입체와 입체가 이어져 결합한 형태를 보인다. 즉, 4차원의 시공간은 3차원의 공간이 눈으로 식별되지 않는 시간이라는 선을 만나 결속된 일련의 현상으로 볼 수 있다. 그렇다면, 이 4차원의 시공간이 연속해서 중첩되어 5차원과 6차원, 7차원, 8차원 이상까지 뻗어나가면 어떤 모습을 보일까?

4차원의 세계도 복잡한데 그 이상의 세계를 떠올리면 상상만으로도 복잡할 것이다. 그러나 우리는 복잡함을 단순화해서 이 상상으로도 구현하기 힘든 초차원적 시공간을 하나의 이미지로 떠올려 볼 수 있다. n차원의 시공간을 반영한 공간, 그것은 곧 우주다.

현대물리학에선 우리가 존재하는 우주를 시공간 연속체 space time continuum로 표현한다. 시공간 연속체란 시간과 공간이 서로 연결되고 중첩되어 연속적으로 존재한다는 뜻이다. 쉽게 말해서, 4차원 이상의 시공간이 무한대로 이어져 있는 현상을 말한다. 시공간 연속체는 3차원의 입체 공간이 시간의 좌표축에 연속해서 중첩된 형태로 나타낼 수 있다.

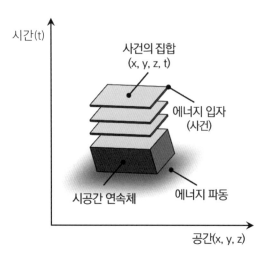

시간(t)

사건의 집합
(x, y, z, t)

에너지 입자
(사건)

시공간 연속체   에너지 파동

공간(x, y, z)

앞서 공간은 좌표 상에서 x(가로), y(세로), z(높이)로 지정
된다고 설명했다. 그러나 시공간은 이 세 가지 외에 t(시간)라
고 불리는 한 개의 좌표가 더 필요하다. 시공간 연속체를 표현
한 그림과 같이 3차원의 공간(x, y, z)과 시간의 위치(t)를 합치
면 네 개의 좌표를 가진 4차원의 시공간이 된다.

시공간에 자리한 하나의 에너지 입자는 한 사건event으로
불린다. 따라서 사건이란 시간과 공간으로 정의되는 하나의
지점이다. 이 사건이 쌓이고 중첩되면 사건의 집합(x, y, z, t)
으로 표시된다.

4차원의 시공간에는 무수히 많은 에너지 입자가 존재한다.
에너지 입자는 시공간 안에서 이리저리 움직이면서 일련의 사

건이 일어난 경로를 구성하고 사건의 집합을 이룬다. 사건의 집합은 시공간에 위치하면서 끊임없이 중첩되고 연속된 에너지 파동으로 존재하게 된다. 입자와 파동으로 구성된 에너지는 무한한 우주를 떠돌며 온 우주를 이룬다.

이처럼 우주상에 존재하는 모든 에너지는 입자와 파동의 형태로 시공간 연속체에 위치한 움직임으로 볼 수 있다. 에너지는 우주상에서 시공간의 차원을 무시하고 다차원적으로 얽혀있다. 따라서 시공간이란 차원 초월적인 4차원적 에너지가 군데군데 응축되어 자리한 사건의 집합체와 같다.

시간이란 환상

시간이란 환상이다. 시간은 공간의 변화를 이해하기 위해 만들어낸 하나의 개념에 불과하다. 시공간 연속체는 시간과 공간이 하나로 통합된 구조라는 것을 나타낸다. 시간은 단지 공간 안에 존재하는 사건들의 총체적인 집합이다. 양자물리학 이론에 따르면, 시간은 흐르는 것이 아니라 움직이는 것이다. 그런데도 우리는 시간을 '공간 안에 존재하는 움직임'으로 받아들이지 않는다. 과거-현재-미래가 이어진 '순차적 흐름'으로 인식한다.

인간의 눈은 마치 사진 한 장에 담긴 모습처럼 2차원으로 제한된 시야를 가지고 있다. 이에 맨눈으로 직접 본 것만 믿는 경향이 있다. 우리는 시간과 공간을 분리된 개념으로 받아들인다. 즉, 4차원으로 구성된 세계를 3차원의 세계로 인식한다. 그러나 우리는 때때로 실제 4차원의 존재가 되기도 한다. 바로 영화나 유튜브 같은 영상매체를 볼 때다.

가령, 당신이 역사적 인물의 일대기를 그린 넷플릭스 영화를 본다고 가정해보자. 당신은 영화의 스토리 구조와 흐름에 따라 주인공의 과거-현재-미래의 삶이 어떻게 흘러가는지 들여다볼 것이다. 그런데 한창 영화에 집중하던 중 갑자기 중요한 전화가 걸려 온다. 당신은 전화 통화를 하기 위해 영화 진행을 멈추는 일시 정지버튼을 누른다. 그 순간 당신이 보고 있던 장면은 그대로 일시 정지한다. 즉, 영화상에 존재하는 시공간도 멈춘다.

자, 여기서 영화의 정지버튼을 누르는 동작이 뜻하는 바가 무엇일까? 영화가 상영되는 세계 밖에서 영화를 관람하는 당신은 차원을 초월한 신과 같은 존재다. 일시 정지버튼으로 영화상의 시공간을 멈출 수 있고 마음만 먹으면 특정 장면을 다시 보기 할 수 있다. 너무나 당연하게도 영화는 스토리상에 존재하는 모든 시공간의 움직임을 단 하나의 파일로 압축한 영상매체이기 때문이다. 영화상에 등장하는 장면을 우주와 같은 시공간 연속체로 비유해보자. 당신은 영화상의 특정 장면(사건)을 다시 보고 싶을 때 그 장면(시공간)이 담긴 지점(좌표)을 누르고 순간 이동할 수 있다.

그러나 당신에게도 불가능한 영역이 있다. 영화는 분명 하나의 파일로 압축되어 있지만, 당신의 눈으로는 영화의 모든 장면을 한꺼번에 볼 수 없다. 즉, 당신은 영화상의 과거-현재-미래를 왔다 갔다 넘나들면서 다양한 에피소드를 시청할 수 있지만 동시에 모든 장면을 보지 못한다. 영화는 필름이든 디지털이든 모든 장면이 하나하나 이어지고 정렬되어 일직선으로 흘러가는 3차원 영상으로 기록되어 있기 때문이다. 당신이 보는 것은 영화상의 단 하나의 장면에 불과하다. 장면은 부분이지 전체가 될 수 없다.

같은 원리로 4차원의 세계를 3차원적 시각으로 바라보는 인간은 과거-현재-미래를 동시에 보지 못한다. 인간은 순차적인 경험으로 겪은 4차원적 현상을 '시간'으로 정의하여 부른다. 바로 여기서 인간이 지각하는 인식의 불균형과 오류가 발생한다. 시공간이 동시에 존재하는 4차원의 세계를 시공간이 분리된 3차원의 세계로 인식하는 탓이다.

그렇다면, 인간의 육신으로는 도저히 4차원의 세계를 인식하고 받아들이지 못하는 걸까? 답은 '아니오'이다. 이 질문에 곧 답이 있다. 인간의 육신을 벗어난 정신은 4차원의 세계를 인식하고 받아들일 수 있다. 정신은 차원을 초월하여 존재하기 때문이다.

초차원
이론

무한하고 영원한 초의식의 세계

당신에겐 3차원으로 제한된 육신의 한계를 벗어나 차원을 넘나드는 존재가 자리하고 있다. 바로 완전한 정신을 상징하는 초의식이다. 잠시 책 읽기를 멈추고 시간을 멈추는 초능력자가 나오는 영화를 떠올려 보자.

당신은 초능력자가 시간을 멈추는 순간 공간의 움직임도 동시에 같이 멈춘다는 것을 쉽게 상상할 수 있다. 이처럼 인간은 어떤 장면을 회상하거나 상상할 때 시간과 공간을 분리해서 인식하지 않는다. 인간의 의식 속에서 시간과 공간은 언제나 같은 차원 안에서 함께 공존한다.

4차원의 세계에서 시간은 경과되는 것이 아니라 작동되는 것이다. 당신은 초의식을 통해 4차원 시공간의 움직임을 관측하는 차원 초월적인 존재가 될 수 있다. 바꿔 말하면, 당신 자신은 곧 4차원의 존재이다. 4차원의 '나'가 진짜이고 3차원의 '나'는 가짜이다.

그러나 현재 당신은 3차원의 육체에 갇혀 3차원 이상의 세계를 보지 못하고 3차원으로 제한된 의식을 가진 채 일생을 살아가고 있다. 따라서 4차원의 세계에 존재하는 진짜 나를 인식하기 위해서는 4차원의 시공간을 볼 수 있는 마음의 눈을 가져야 한다. 이 마음의 눈이 바로 초의식이다.

초의식은 입자와 파동의 상태로 4차원의 시공간을 초월하여 존재한다. 초의식은 의식의 전체로써 시간을 순차적이 아닌 통합적인 관점으로 바라본다. 따라서 초의식은 시간 축과 공간 축에서 일어나는 사건의 지점 중 하나를 관측할 수 있다. 초의식이 관측하는 것은 오직 지금 여기에 존재하는 하나의 현상이다. 초의식은 초차원적 시공간 안에서 우주의 모든 현상을 그저 있는 그대로 관찰하고 받아들인다.

초월자는 3차원의 물질세계에 존재하는 '나'를 참나(참된 나)가 아닌 거나(거짓 나)로 인식한다. 3차원의 세계에만 존재하는 '나'는 3차원적으로 제한된 사고방식과 관점을 갖고 있기 때문이다. 3차원의 '나'는 분절의식이 빚어낸 생각과 감정이라는 환영을 자신과 동일시한다.

앞서 초월자는 초의식 세계에 있는 참나를 자각하고 존재 자체로 완전한 삶을 살아간다고 말했다. 완전한 삶이란 내가 원하고 필요로 하는 모든 것이 갖춰져 부족함이나 흠이 없는 삶을 뜻한다. 즉, 초월자가 완전한 존재인 이유는 차원을 초월한 참나로써 4차원 이상의 무궁무진한 초의식 세계에 자리하고 있기 때문이다. 참나는 초의식을 통해 우주상에 존재하는 무한한 가능성과 잠재력, 창조, 자비, 사랑을 관측하고 현실로 반영한다.

따라서 당신은 4차원의 관점을 가진 참나로 이 세상을 바라보고 수용해야 한다. 다시 말해, 당신은 3차원에 갇혀 분절 의식의 거나로 살아가는 '나'를 초의식이라는 마음의 눈으로 관찰해야 한다. 이처럼 초의식을 통해 4차원 이상의 차원 초월적인 존재로 3차원의 세상을 바라보는 것, 이 개념이 초차원 이론이다.

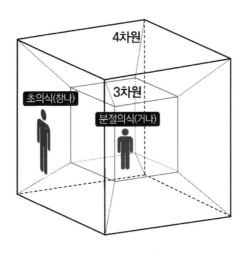

앞서 우리는 4차원의 시공간을 표현한 초입체 형상을 그림으로 살펴보았다. 위의 그림은 바로 그 4차원 초입체를 확대하여 표현한 것이다. 이 입체 안에 4차원의 참나와 3차원의 거나를 위치시켜보자. 그림과 같이 참나는 3차원 세계에 존재하는 거나를 다양한 측면에서 바라볼 수 있다. 이에 3차원 세계의 거나가 생성하는 분절의식에 현혹되지 않게 된다.

3차원의 세계에 속박된 나를 벗어나야 3차원을 뚫고 4차원의 세계로 이동한다. 초의식의 참된 나는 분절의식의 가짜 나가 만들어낸 불안, 걱정, 두려움, 집착과 같은 불편한 감정의 주파수와 동화되지 않는다. 참나는 우주 시공간 안에서 무한한 가능성과 행복이 존재하는 사건의 지점 안에 있다. 시공간 연속체의 원리에 따라 사건은 중첩되어 집합을 이루고 끊임없이 무한대로 이어진다. 바로 이것이 참나가 무한한 가능성과 잠재력, 창조, 자비, 사랑, 활력, 행복, 평화를 느끼는 초의식의 세계에 존재하는 이유다.

영원한 지금, 무한한 여기

초의식은 시공간을 초월하는 존재의 본질로서 무한하고 영원하다. 영원함이란 시간적·물리적 법칙을 초월하여 모든 순간에 존재하는 것이다. 무한함이란 공간적·양적 한계를 초월하여 모든 차원에 존재하는 것이다.

따라서 영원함에 속하는 모든 시간은 지금Now이며, 무한함에 속하는 모든 공간은 여기Here이다. 과거와 미래는 오직 지금 여기에서 비롯된 생각으로 존재할 뿐이다.

당신이 무엇을 하든지 그리고 어디에 있든지, 당신은 지금 이 순간에 과거와 미래를 생각하고 인식할 수 있다. 과거-현재-미래는 모두 영원한 지금이자 무한한 여기에 존재하는 당신의 본질적인 의식에서 비롯된 것이다. 바로, 이 본질적이고 절대적인 의식이 초의식이다.

시간적 영원함과 공간적 무한함을 초월한 모든 곳인 지금-여기Here and Now에 초의식이 존재한다. 초의식은 정해진 범위와 한계를 초월하는 에너지와 같다. 과거의 무의식이든, 지금의 현재의식이든, 미래의 잠재의식이든, 모든 의식은 본질적으로 유일하고 완전한 초의식 에너지에 의해 하나로 통합된다.

초의식의 영원함과 무한함은 존재하는 모든 것을 포함한다. 영원함은 시작과 끝이 없고 무한함엔 한도와 경계가 없다. 영원함과 무한함은 시공간의 개념 자체가 적용되지 않으므로 분리될 수 없고 반대의 개념도 존재하지 않는다. 이와 마찬가지로 초월자는 온 세상의 삼라만상을 부분이 아닌 전체로 인식한다. 시공간의 제약과 한계를 벗어난 초월자는 참나로서 영원한 지금과 무한한 여기에 존재하며 살아갈 뿐이다.

우리가 존재하는 우주는 무한한 가능성과 영원한 잠재성이 실재하는 확률의 바다다. 우주상에서 시간이란 공간 안에 맴돌며 무작위로 움직이는 에너지다. 하나의 가능성으로만 존재하던 에너지는 다른 에너지와의 상호작용을 통해 사건을 탄생시킨다. 초월자는 우주가 돌아가는 물리법칙을 깨닫고 그 힘을 제대로 활용한다. 지금 여기에 존재하는 초의식의 상호작용으로 자신이 원하는 현실 세계를 끌어당기고 삶을 재창조해 나간다.

초월자에게 있어 시간이란 '삶의 매 순간 안에 진실로 살아 있는 것'이다. 지금 여기에 온전히 몰입하면 이미 지나온 과거나 예측하기 어려운 미래는 신경 쓸 겨를이 없다. 오직 지금의 나와 관계된 것들과 교류하고 소통하는 일만 의미가 있다. 시간은 그저 흘려보내는 것이 아니라 온전한 내 것으로 지배하는 것이다. 이것이 초월자가 인식하는 시간의 본질이다.

시간과 공간은 분리되지 않고 서로 연결되어 있다. 지금 여기에서 본 것만이 진짜 현실이다. 당신은 삶의 매 순간 지금 여기에 온전히 몰입해야 차원을 넘어선 초월자가 될 수 있다. 지금 여기를 부정하고 벗어나면 초의식의 완전함을 인식하지 못한다. 이미 현재 자체가 완전하기 때문이다. 현재는 시작과 끝이 없고 과거와 미래, 전후, 좌우, 상하 따위의 정해진 기준과 순서가 없다. 오직 지금 여기만이 진실로 존재하고 진리로 귀결된다.

그럼에도 우리는 종종 이러한 생각에 사로잡힌다. 바로 '무엇무엇 해야 했는데'와 '무엇무엇 해야 할 텐데'이다. 과거와 미래에 대한 집착, 후회, 걱정, 두려움, 미련과 같은 감정들은 불안감을 계속해서 증폭시킨다. 현재에서 벗어난 마음은 분절 의식의 먹잇감이 되어 꼬리에 꼬리를 무는 허황된 생각과 감정을 계속해서 생산한다.

이처럼 사람들이 불안을 느끼는 이유는 현재를 있는 그대로 받아들이지 못해서다. 즉, 불안은 현재를 벗어난 과거와 미래로부터 온다. 당신의 마음이 현재가 아닌 과거와 미래에 가 있으면, 마치 '뫼비우스의 띠'처럼 끊임없이 반복되는 무의미한 생각과 감정의 굴레에 갇히게 된다.

이제 우리는 불안의 늪에서 벗어나야 한다. 불안을 해소하는 근본적인 방법은 현재에 온전히 집중하며 사는 것이다. 과거와 미래는 지금 여기에 존재하는 내 생각으로부터 생명력을 얻는다. 현재를 벗어난 과거의 기억이나 미래의 예상은 존재할 수 없다.

이와 마찬가지로 생과 사는 본래 하나이지 둘이 아니다. 우리가 태어나기 전의 과거와 죽은 후의 미래는 존재하지 않는다. 지금 이 순간 안에 존재하는 삶이란 과거도 없고 미래도 없다. 그런데도 사람들은 현재를 벗어나 과거와 미래에 집착하고 불안함을 느낀다.

과거는 현재에서 회상한 기억으로, 미래는 현재에서 예상한 추측으로 생성된 시공간의 환영과도 같다. 과거의 사건이 일어난 곳을 관측하면 과거의 차원 안에만 머문다. 마찬가지로 미래의 사건이 일어날 곳을 관측하면 미래의 차원 안에만 머문다. 이미 다녀간 과거와 아직 다가오지 않은 미래에 머문 의식 차원은 불안, 우울, 공포, 강박, 분노, 분열과 같은 부정적인 감정 에너지와 단단히 결속되어 현실 세계에 투영한다.

불행히도 대다수의 사람들은 영원한 지금과 무한한 여기에서 벗어난 분절의식에 사로잡혀 일생을 살아간다. 본래 하나의 의식이었던 초의식에서 분리된 분절의식은 우리가 가진 생각과 감정을 통제하고 지배한다. 나아가 우리의 삶 전체를 속박하고 한계를 규정짓는다. 분절의식은 우리가 겪는 모든 괴로움, 근심, 걱정, 고통 따위를 끊임없이 생산한다. 우리가 존재 자체의 완전함을 망각하는 이유가 여기에 있다.

노리 No-Re

분절의식을 정화하는 감각 필터링

인간의 뇌는 감각기관을 통해 1초에 약 200만 비트의 정보를 처리한다. 200만 비트는 영단어로 치면 약 5만 개의 단어에 달하는 방대한 양이다. 뇌는 우리가 의식하지 못해도 시각, 청각, 후각, 미각, 촉각의 다섯 가지 감각기관을 활용해 수많은 정보를 처리한다. 그러나 뇌과학자들이 연구한 바에 의하면, 뇌가 처리하는 200만 비트 중에서 우리가 받아들일 수 있는 실제 정보는 134비트에 불과하다. 134비트는 일곱 개의 숫자로 아파트 동호수 정도밖에 안 되는 미약한 수준에 그친다.

인간은 뇌가 처리하는 99.99%의 정보를 자체적으로 필터링해서 나머지 0.01% 정도만을 인식하고 수용한다. 흥미로운 사실은 바로 이 0.01%의 정보만으로 감정이 만들어진다는 것이다. 우리는 0.01%에서 탄생한 두려움, 짜증, 우울, 변덕, 슬픔, 분노와 같은 감정에 놀아나고 있다.

뇌는 매 순간 자동으로 수많은 생각과 감정의 이미지를 송출·저장하고 있다. 우리는 뇌가 생성하는 특정한 감정을 움켜쥐고 자신과 동일시한다. 바꿔 말하면, 우리가 뇌를 통해 받아들이는 0.01%의 인식만 바꿔도 감정을 변화시킬 수 있다. 아무리 같은 상황과 조건에 놓여있어도 사람마다 받아들이는 정보가 다르다. 또한 정보 역시 어떻게 필터링하고 해석하느냐에 따라 생각이나 감정의 결괏값이 달라진다.

같은 이치로 우리의 마음은 우리가 지닌 의식 수준과 사고방식에 따라 다르게 나타난다. 만약 당신이 초의식 차원에 존재하는 사람이라면 불순한 정보는 걸러내고 행복, 사랑, 감사, 풍요, 평안, 환희의 감정만을 생산하게 된다. 물질세계가 아닌 내면세계로부터 에너지를 얻는 초의식은 당신의 영혼에 정신적 자유를 선사한다.

우리 뇌엔 감각 필터링 기능이 탑재되어 있다. 이 필터링은 분절의식이 빚어낸 형상을 깨끗하게 정화해준다. 따라서 만약 감각 필터링 기능이 고장 나거나 제 기능을 발휘하지 못하면, 분절의식이 활성화되면서 부정적인 감정의 노예로 전락하고 만다. 초의식에서 분리된 분절의식은 우리 뇌의 감각 필터링 기능을 계속해서 손상시킨다. 손상된 필터링은 무분별한 감정과 망상을 마구마구 쏟아내며 우리의 의식 차원을 끌어내린다.

분절의식이 빚어낸 환상 속에 동화된 뇌는 현재 일어나는 생각과 감정이 당신 본연의 것이라는 착각에 빠지도록 만든다. 분절의식은 물질세계로부터 에너지를 공급받으면서 당신의 내면세계를 점점 잠식해나간다.

노리로 실천하는 일상 명상

당신이 초월자가 되고자 한다면 뇌의 감각 필터링 기능을 활성화해야 한다. 나는 뇌의 감각 필터링 기능을 업그레이드하는 방법을 '알아차림'과 '놓아버림'의 놀이이자 노리로 부른다. 노리No-Re는 알아차림Notice과 놓아버림Release의 영문 앞 글자 두 개를 이어 붙여 만든 준말이다.

우리 뇌는 신경 가소성의 원리가 작용한다. 신경 가소성이란 인간이 받아들이는 정보와 경험이 뇌신경의 활성화와 변형을 일으키는 현상을 뜻한다. 쉽게 말해서, 외부 입력에 적응하는 신경세포의 능력이다. 뇌는 특정한 경험과 깨달음에 대한 반응으로 스스로를 성장시키고 재조직하는 특성이 있다. 따라서 노리를 습관화하면, 신경 가소성의 원리에 의해 뇌 신경회로를 초의식의 신경회로로 새롭게 업그레이드할 수 있다.

노리는 손상된 감각 필터링 기능을 정상화하고 당신이 가진 의식 수준을 초의식 차원으로 진입하도록 돕는다. 노리를 실천하는 방법은 실시간으로 일어나는 허구의 감정을 즉시 알아차리고 자연스럽게 흘러가도록 놓아버리는 것이다. 분절의식이 발생시킨 감정은 무상無常하여 덧없고 무아無我로 나 자신이 아니다. 당신은 자기 내면을 관조하며, 끊임없이 생성하고 소멸하는 감정을 있는 그대로 관찰해야 한다. 이처럼 노리는 일상에서 습관적이고 의식적으로 명상을 실천하는 것과 같다.

현대인들은 스트레스 경감과 힐링을 위해 명상을 한다. 명상은 자기 생각과 감정에 주의를 집중하며, 있는 그대로의 마음을 느끼고 관찰하는 마음수행이다. 우리의 머릿속에서 일어나는 생각과 의식(생각을 바라보는 마음)은 다르다. 명상은 '내가 무엇을 생각하고 있다. 집착하고 있다. 괴로워하고 있다. 해보고 싶다.' 따위의 생각과 감정을 의식적으로 관찰하는 연습과 같다. 당신이 이 책을 읽고 있는 것을 자각할 수 있듯이 말이다.

앞서 제시한 초차원 이론모형을 다시 한번 살펴보며 생각해 보자. 어떤 형상을 지각하는 나(오감을 통한 인식)와 자각하는 나(자기 자신을 의식)는 서로 다른 차원 안에 존재한다. 당신이 생각하고 느끼는 자아란 의식이 인지하는 대상일 뿐이다.

명상은 단지 좋은 생각과 감정을 촉진하고 부추기는 활동이 아니다. 명상의 핵심은 모든 생각과 감정이 일시적이라는 것을 알아차리고 놓아버리는 것이다. 명상의 참뜻을 따르면 마음의 주인이 본래 초의식의 참나라는 것을 자각하고 덧없는 감정의 고통으로부터 해방될 수 있다.

마음은 인식의 주체다. 생각과 감정은 인식의 객체다. 마음 훈련을 통해 자기 내면을 객관적으로 바라보는 수행법이 곧 명상이다. 명상은 바로 이러한 이치를 깨닫는 것이다. 그러나 사람들은 3차원 세계만 지각하는 가짜 나를 인식의 주체로 받아들인다. 즉, 현상세계로부터 비롯된 생각과 감정을 진짜 나 자신과 동일화하고 마음의 고통을 얻는다. 이 고통을 벗어나기 위해 감정을 억누르거나 회피하고 맞서 싸워보지만 큰 효과를 보지 못한다. 가짜 나를 진짜 나로 인식하는 한 고통은 계속 중첩되어 머문다.

가짜 나의 분절의식에서 비롯된 생각과 감정은 이미 지나간 과거와 아직 오지 않은 미래에 집착한다. 이 집착은 정신적인 고통을 자아낸다. 노리로 실천하는 일상 명상은 당신의 마음이 과거와 미래에 집착하지 않고 현재에 집중할 수 있도록 돕는다. 그저 있는 그대로의 내면을 관찰하면서 마음을 괴롭히는 고통의 원인이 어디에서 비롯된 것인지 알려준다.

당신의 마음이 어떤 자극을 받을 때 잠재의식과 무의식은 각각 조건반사(후천적 반응)와 무조건반사(본능적 반응)를 유발한다. 이렇게 반사적으로 휩쓸린 마음은 순간의 진실을 왜곡하고 당신의 의식 수준을 저하한다. 반면에 초의식은 자극에 대한 초월반사를 일으킨다. 초월반사는 어떠한 자극에도 동요되지 않고 초연한 마음을 유지하는 것이다. 주변은 뒤숭숭하지만, 중심은 고요한 태풍의 눈처럼 말이다. 초연해야 초월한다. 우리는 초월반사적 반응을 가진 노리를 통해 분절의식에서 오는 불편한 자극을 말끔하게 필터링할 수 있다.

마음의 안정을 가져오기 위한 근본적인 해결책은 차원을 초월한 참나를 진짜 나로 인식하는 것이다. 초월자는 노리를 통해 일상 명상을 실천하면서 자기 자신을 의식적으로 관찰한다. 이 과정에서 초의식을 인식의 주체로 받아들여 찰나의 생각과 감정에 동요되지 않는다. 즉, '감정을 느끼는 나'를 '마음의 눈으로 바라보는 나'와 분리하여 분절의식을 자각하고 감정의 소용돌이에 휩쓸리지 않는다.

무의식 모니터링과 노리

앞서 우리는 5단계 자기통제력에서 '무의식 모니터링'의 개념에 대해 알아보았다. 무의식 모니터링과 노리는 어떠한 공통점과 차이점이 있을까? 우선 이 두 가지 방법은 자신의 내면을 자기객관화하여 관찰한다는 측면에서 동일한 공통점이 있다. 반면에 구체적인 관찰 대상과 방법 면에서는 차이점이 존재한다.

우선 무의식 모니터링의 관찰 대상은 오직 무의식이다. 무의식은 우리가 제대로 인지하지 못하는 사이에 '반드시 그래야 한다'라는 부정적인 정체성을 심어주고 자기 한계를 결정 짓는다. 예를 들어, "나는 이거밖에 못 하는 무능력한 사람이야.", "내가 이렇게 해야 그 사람이 좋아할 거야.", "내가 이걸 하지 못하면 모두가 나를 무시할 거야." 이런 식으로 내면의 결핍감이나 트라우마를 건드리는 말을 건넨다. 따라서 무의식 모니터링은 이러한 무의식의 현혹과 세뇌를 벗어나기 위해 의도적인 감시작업을 하는 것이다. 당신의 마음 안에 무의식을 관찰하는 모니터링 요원을 두면 자기감정을 객관화하여 바라보게 되고 그릇된 신념을 수정하게 된다.

반면에 노리의 관찰 대상은 일상에서 일어나는 모든 생각과 감정이 해당한다. 우리는 하루에도 많게는 수십 번씩 감정의 변화가 일어난다. 감정의 동요 없이 평범한 하루를 보내다가도 증오와 분노, 짜증, 화, 시기, 불안, 우울, 질투, 미움과 같은 감정이 밀려오면 순식간에 그 감정에 동화된다. 예를 들어, "아 진짜 왜 저따위로 운전해서 짜증 나게 하냐." "당신이 그 행동을 할 때마다 너무 화가 치밀어.", "난 항상 쟤보다 못한 것 같아. 자존심 상해." 이런 식으로 감정적인 상태로 변모한다. 노리는 이렇게 일상에서 일어나는 부정적인 감정들을 즉각 알아차리고 놓아버리는 일이다. 한마디로 말해서, 노리는 '실시간 감각 필터링 기술'이다. 따라서 노리가 습관적으로 체화된 사람은 순간적으로 부정적인 생각과 감정이 올라와도 초연해진다. 자신에게 해로운 감정을 부여잡지 않고 놓아버리기 때문이다.

무위적 노리

나 역시 때때로 초의식 차원을 벗어나 우울, 화, 짜증과 같은 감정에 휩쓸릴 때가 있다. 하지만 그럴 때마다 초월반사적인 노리를 통해 내 감정을 즉각적으로 알아차리고 놓아버린다. 물론 지금은 이렇게 숙달되었지만, 자연스러운 노리가 진행되기까지 수십 년의 세월이 걸렸다. 인간은 망각의 동물이라 습관적이고 의식적으로 생활화하지 않으면 다시 제자리로 돌아가기 마련이다. 나는 노리를 일종의 가짜 생각과 감정을 색출하는 놀이로 생각하고 완전히 습관적으로 생활화하였다.

사실 명상 자체도 어려운데 일상에서 노리를 행한다는 게 정말 만만치 않았다. 하지만 행동을 반복하면 습관이 되고, 습관이 지속되면 본성이 된다. 결과적으로 노리는 나에게 하나의 습관이자 본성이 되었고 정신적인 자유를 안겨주었다. 따라서 현재 나는 명상을 따로 하지 않는다. 일상이 명상이자 노리이기 때문이다.

일례로 나는 산책을 할 때마다 노리를 즐긴다. 걸을 때는 아무런 생각이 나지 않는다. 한 걸음 한 걸음씩 무념무상으로 주변의 풍경을 바라볼 뿐이다. 신경 끄기의 기술은 멀리 있지 않다. 산책하면서 온전히 걷는 행위에만 집중하면 된다. 아니, 집중도 필요 없다. 그저 몸과 마음이 하나 되는 느낌을 만끽하면 된다. 발걸음을 멈추면 그제야 생각이란 녀석이 찾아온다. 생각은 그때그때 다르다. 그러나 그 생각을 주시하는 나는 언제나 일정하다. 생각이 밀려와도 그저 바라볼 뿐 붙잡지 않는다. 유유히 흘러가는 강물처럼 자연스럽게 놓아버린다.

자연은 흐트러짐 속에서 질서가 있고 계획은 없지만 순리가 존재한다. 산책을 하다 보면 내 몸과 마음이 자연과 하나 됨을 느끼는 순간이 찾아온다. 마음의 경계가 허물어지면 지금 여기에 존재하는 나를 온전히 자각한다. 현존하는 나에게 이것과 저것, 옳고 그름을 구분하는 일은 무의미하다.

적지 않은 사람들이 명상 수행을 함에도 깨달음을 얻지 못하는 이유는 무엇일까? 바로 명상이라는 행위 자체를 통해서 인위적으로 무언가를 얻고자 하는 마음을 갖기 때문이다. 명상의 핵심은 지금 여기에 존재하는 본연의 나 그 자체인 초의식을 자각하는 것이다. 따라서 지금을 부정하고 새로운 것을 갈망하는 행위는 초의식의 참나로부터 멀어지는 결과를 초래한다.

고대의 사상가 노자는 인위人爲가 아닌 무위無爲의 삶을 강조하였다. 무위는 무언가를 무리해서 하지 않고 자연의 순리에 따르는 삶을 말한다. 노자는 인간이 가진 욕심과 지식이 오히려 세상을 분열시키는 혼란을 초래한다고 여겼다. 노자의 사상처럼 노리는 무위적 노리로 체화하는 게 가장 베스트다.

억지스럽고 의도적인 인위가 아닌, 자연스레 행하는 무위를 따를 때 삶은 더욱 안락하고 평안해진다.

마음공부와 수행은 가장 편안한 자세로 임해야 한다. 무언가를 얻기 위해 의도적으로 각을 잡고 행하는 것은 또 다른 집착과 불편함을 초래할 뿐이다. 이제 당신도 자연스럽게 편안한 마음을 갖고 성과보다 성찰을 우선해보자. 무위적 노리를 체화하면 완전한 내면의 평화를 얻게 될 것이다.

지금 잠깐이라도 책을 덮고 무위적 노리를 실행해보자. 현재 떠오르는 생각과 감정을 고요한 마음으로 관찰해보자. 즐거우면 즐거운 대로, 괴로우면 괴로운 대로 어떤 생각과 감정이든 동요되지 말고 그저 바라보는 연습을 해보자.

무위적 노리가 습관화되면, 언젠가 당신 내면에 존재하는 진정한 마음의 소리를 듣게 될 것이다. 그 소리는 당신의 마음을 자꾸 어지럽히고 의기소침하게 만드는 소리가 아니다. 당신의 마음속에는 언제나 당신을 올바른 방향으로 이끄는 참된 소리가 존재한다. 바로 그 소리가 초의식 차원에서 흘러나오는 진정한 참나의 소리다. 참나의 소리는 어떠한 상황에서도 당신에게 무한한 신뢰와 사랑, 축복이 담긴 메시지를 전달한다. 당신은 그 소리를 따라 초월자의 세계로 입문할 수 있다.

변증법적
중도론

정반합

우리가 사는 이 세상은 정반합正反合으로 이루어져 있다고 해도 과언이 아니다. 그동안 물질문명을 이루는 과학기술과 정치, 사회, 문화 대다수는 정반합의 원리에 의해 발전을 거듭해왔다. 정반합은 패러다임 전환Paradigm shift을 불러오기 때문이다. 패러다임 전환이란 특정 시대의 사람들이 지닌 공통적인 신념, 가치, 기술, 이론 등이 새롭게 변하는 현상을 뜻한다.

특정 시대마다 그 시대를 대표하는 시대정신인 패러다임이 존재한다. 이 기존 패러다임이 바로 정正이다. 이후 기존의 패러다임으로 당면한 문제를 해결할 수 없을 때 반反이 나타난다. 다시 정과 반이 합습해지면 패러다임 진환을 통해 새로운 패러다임이 생성된다. 이 새로운 패러다임은 다시 정이 되고, 이에 대립하는 반이 나타나 합이 되는 과정을 되풀이한다.

마찬가지로 인간의 생각과 믿음도 역시 정반합의 이치에 따라 변화한다. 기존의 정(신념, 가치)에 대립하는 반(정에 대한 오류와 모순, 반대의견)이 나타나고, 정과 반이 합일을 이룬 합(합의, 깨달음, 통찰)이 이뤄진다. 삶이란 고정됨이 없다. 어제의 나와 오늘의 나, 그리고 내일의 나는 컨디션도 다르고 각기 다른 생각과 행동을 하는 존재다. 계절이 바뀌고, 성격이 달라지고, 생각이 변하듯이 이 세상에 영원히 변하지 않는 존재란 없다.

우리 개개인은 각자 중요하게 생각하는 가치판단 기준과 조건에 따라 의사결정을 내린다. 그러나 이 가치판단 기준이라는 것이 절대 일정하지 않다. 즉, 상황이 달라지면 가치판단 기준도 변한다.

예를 들어, 취준생에겐 자신이 원하는 좋은 기업에 입사하는 게 최고의 가치 있는 삶일 것이다. 그러나 정작 그 기업에 입사하면 또 다른 세계가 보이고 새로운 욕구가 생겨난다. 연봉, 근무조건, 근로환경, 기업 경쟁력, 워라밸, 직업 안정성과 같은 수많은 가치판단 기준에 따라 현재 상황을 평가할 것이기 때문이다. 만약에 입사한 기업이 자신이 생각하는 기준치에 미달한다면, 이직이나 퇴사를 고민하면서 가장 바람직한 결과가 예상되는 방향을 선택할 것이다.

결국 삶이란 유동적이기에 자신의 과거, 현재, 미래에 집착할 필요가 없다. 또한 현재 자신의 인생이 어떻다는 식의 가치 평가와 결론을 내리는 행위 또한 무의미하다. 삶에 대한 가치 평가와 만족도는 현시점에 개인이 중요하게 여기는 가치와 욕구에 따라서 달라지기 때문이다. 가치판단의 최우선 순위가 돈이라면, 많은 돈을 벌어야만 만족스럽고 성공한 삶이라고 여길 것이다. 반면에 자기실현의 가치를 우선시한다면, 인생의 의미와 목적과 일치하는 일을 해야 행복한 삶이라고 여길 것이다. 따라서 우리는 생각 자체가 고정되지 않은 유동적인 에너지라는 것을 인식하고 삶을 보다 포괄적이고 통합적인 자세로 바라볼 필요가 있다.

마음의 경계

인간은 자기만의 정체성 프레임으로 일종의 보이지 않는 마음의 경계를 설정한다. 나라고 믿는 것과 아니라고 믿는 것 사이에 확실한 경계선을 긋는다. 자기만의 바운더리가 좁은 사람은 그만큼 상대방에 대한 이해의 폭이 작다. 자신이 그은 경계선 안쪽의 세계만 진실이라고 믿기 때문이다.

고로 사람이 변한다는 의미는, 개인의 정체성을 구분 짓는 경계선의 폭이 달라졌다는 의미와 같다. 말하자면, 그동안 이해하고 발견하지 못했던 지식, 정보, 가치를 자신의 바운더리 안쪽으로 새롭게 포함했다는 뜻이다.

사람들은 자기만의 보이지 않는 경계선에 따라 이쪽과 저쪽, 내 편과 네 편을 나눈다. 자신이 가진 경계선과 상대방이 가진 경계선이 맞물려 서로 통하는 지점이 생기면 친밀감이 형성된다. 반대로 교차하는 지점이 없으면 서로를 공감하거나 이해하지 못하고 사이가 멀어지게 된다.

생각이란 상대적이다. 옳고 그름이란 없다. 옳고 그름에 대한 생각과 판단만이 존재한다. 자신에게 옳은 것이 타인에게 옳지 않을 수 있다. 이쪽에서 맞는 것이 저쪽에서 틀릴 수 있다. 이처럼 생각에는 상대성의 원리가 작용하므로 언제 어디서나 통용되고 절대적으로 올바른 생각이란 존재하지 않는다.

따라서 당신은 자신의 가치관이나 신념에 부합하는 정보만 중용하는 태도를 지양해야 한다. 이러한 사고방식은 확증편향을 낳기 때문이다. 확증편향이란 타인의 생각과 의견, 정보를 무시한 채 자신이 옳다고 믿는 정보와 사실에만 집중하는 사고방식을 의미한다. 확증편향은 자신의 에고Ego(자아)를 굳건히 지지하면서 근거 없는 과신을 하도록 만든다.

사람들은 흔히 자신이 보고 싶은 것만 보고 믿고 싶은 것만 믿는 경향이 있다. 예를 들어, 대부분 사람은 타인과 대화할 때 자기 생각과 일치하거나 동조하는 의견만을 선호한다. 반면에 본인의 생각과 반대되는 이야기나 반증 되는 주장을 듣게 되면 심리적인 불편함과 거부감을 느낀다.

정보의 편향적 수용은 자기 신념을 기반으로 잘못된 고정관념을 탄생시키고 개인의 성장을 가로막는다. 자기 신념이 지나치면 나라는 존재에 대한 집착이 심해지면서 정신적인 스트레스와 고통을 수반한다. 고로 우리는 '내가 아는 세상과 진리가 전부는 아니다.'라는 생각으로 사고의 유연성과 확장성을 키워나가야 한다.

중도의 눈

사고의 유연성과 확장성을 키워나가면 자기초월의 정신인 중도中道를 터득한다. 중도란 자신의 관점이나 견해, 신념, 가치, 사상, 판단, 행위 등이 어느 한쪽으로 치우치지 않고 총체적인 조화와 균형을 이룬 정신상태를 의미한다. 나는 이런 중도 마인드로 세상을 바라보는 관점을 '중도의 눈'으로 부른다.

중도의 눈은 정과 반의 양극단을 초월하여 합을 이룬 참나의 관점(절대적 관찰자 시점)으로 자신과 타인, 그리고 세상을 바라보는 것이다. 중도의 눈을 갖추면 이 세상에 이해하지 못할 사람은 없다. 개개인이 가진 생각과 신념은 각자의 인식 수준과 의식 차원에 따라 다르게 나타나기 때문이다.

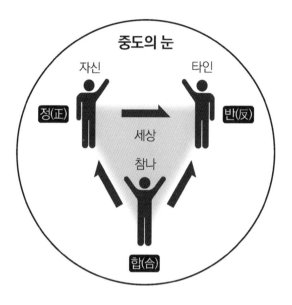

이를테면, 살인자, 학폭 가해자, 성범죄자와 같은 극악무도한 범죄자가 저지른 행위조차 공감은 못 해도 이해는 할 수 있다. 마치 악의 마음을 읽는 전문 프로파일러처럼 말이다. 흉악범의 관점에서는 우리가 당연하게 여기는 도덕적 신념들이 당연해 보이지 않을 것이다. 흉악범의 의식 차원에서는 자신이 생각하는 논리가 곧 진리로 인식되기 때문이다. 흉악범은 분절의식이 만들어낸 환영에 현혹되어 자신의 영혼을 팔아넘기고 충동적인 욕망을 분출한다. 매사 앞뒤 분간도 못 하는 저차원 의식 세계에 머물며 저차원의 생각과 행동을 되풀이한다. 결국 흉악범은 정상적인 사람이 가진 사고방식과 지극히 반하

는 정신상태로 일생을 살아간다.

이처럼 변증법과 중도의 관점이 녹아든 중도의 눈을 가지면 세상에 대한 이치와 인간의 의식 차원에 대한 이해가 증진된다. 중도의 눈을 갖는 것은 곧 '변증법적 중도론'의 가치를 실현하는 것이다.

변증법적 중도론은 삶 자체를 정반합의 원리와 중도의 마음으로 해석하고 받아들인다는 이론이다. 변증법적 중도론은 나와 너, 정신과 육체, 상식과 비상식, 옳음과 그름, 거짓과 진실, 시작과 끝, 득과 실 등 정과 반의 양극단을 아우른다. 세상을 바라보는 이원론적 관점을 탈피하여 특정한 사상이나 견해에 치우치거나 집착하지 않는다. 이처럼 양극단의 대립 구도를 초월한 변증법적 중도론의 가치를 실현할 때 진정한 자기초월을 이룰 수 있다.

무경계
자아

변증법적 중도론은 당신의 의식 차원을 계속해서 확장 시킴으로써 분절된 의식을 흡수·통합한다. 이 과정이 반복되면 현재의식-잠재의식-무의식을 구분 짓는 선명한 경계선이 사라지고 정해진 범위와 한계가 없는 무경계 자아Boundaryless ego 를 만난다.

무경계 자아는 세상을 이분법적으로 바라보며 이쪽저쪽 선 긋기를 하지 않는다. 즉, 삼라만상을 부분이 아닌 전체로 의식한다. 무경계 자아는 참나를 우주 만물과 하나로 연결한다. 이에 존재하는 모든 것에 대한 집착과 분별을 벗어나는 자기초월을 이룬다. 자기초월에 초월을 거듭한 초월자는 인간, 본능, 운명, 정신이 가진 네 가지 차원의 한계를 모두 뛰어넘는다.

말하자면, 인간이 가진 정체성과 잠재력의 한계(자기인식, 자기전환, 자기확신, 자기긍정예언), 본능적이고 선천적으로 타고난 욕망(자기통제력), 운명이 가져오는 속박과 굴레(자기실현), 정신적인 고통을 가져오는 생각·감정·느낌의 의식 작용(자기초월)을 전부 초월하여 완전한 내면의 평화와 자유를 얻는다.

우주의식

무경계 자아로서 초의식은 연속해서 확장하는 특성이 있다. 이는 마치 우주가 팽창되는 원리와 유사하다. 에드윈 허블 Edwin Powell Hubble은 팽창우주의 원리를 최초로 발견한 천문학자이다. 허블은 밤하늘의 별들을 관찰하던 중 별들이 지구로부터 조금씩 멀어지고 있다는 사실을 관측했다. 그뿐만 아니라 우리은하와 다른 외부은하에 존재하는 별과 별 간의 거리도 점점 멀어지고 있다는 것을 목격했다.

허블은 이러한 관측 자료를 토대로 '허블의 법칙'을 발표하였다. 허블의 법칙은 외부은하가 지구로부터의 거리에 비례하는 속도로 우리에게서 멀어지고 있다는 것을 밝혀냈다. 이 법칙은 우리가 속해있는 우주가 상상할 수 없이 크며 계속해서 팽창하고 있다는 사실을 증명한다.

우주 팽창의 원리는 다중우주Multiverse의 가설을 뒷받침한다. 다중우주는 인간이 관측할 수 있는 우주의 영역 너머에 시공간의 차원이 다른 무한한 우주가 이어진다는 이론이다. 앞서 당신은 우리가 실제 살아가는 세상이 4차원의 시공간으로 이루어져 있다는 사실을 확인했다. 우주는 4차원의 시공간이 서로 연결되고 중첩된 연속체다. 4차원이 연속되면 5차원과 6차원, 7차원 이상의 고차원이 형성된다. 따라서 우주는 무한한 차원의 시공간이 다차원적으로 얽혀서 존재할 수 있는 곳이다.

공간 안에 존재하는 시간이란 흐름이 아닌 움직임이다. 우주상에서 시간은 순차성이 아닌 동시성의 법칙을 따른다. 우주를 구성하는 에너지 입자는 무한한 우주의 시공간 안에 존재한다. 4차원 이상의 세계는 서로 다른 차원 안에 존재하는 에너지의 집합들이 무수히 펼쳐져 있다.

에너지 집합들은 서로 중첩되면서 파동을 일으키고 다중우주에 위치하는 여러 가능성으로 남는다. 시공간을 초월한 무경계 자아는 자유의지를 갖고 그중에 한 가능성과 함께 상호작용한다. 무경계 자아와 상호작용한 가능성은 파동성이 붕괴되고 우리가 인식할 수 있는 현실 세계의 사건으로 창조된다.

따라서 우리가 살아가는 현실은 다중우주 속에 존재하는 수많은 가능성 중 하나가 선택되고 구현된 결과물로 볼 수 있다. 바꿔 말하면, 우리는 차원 초월적인 초의식 에너지를 통해 무한하고 영원한 우주계의 가능성과 잠재력을 실현할 수 있다. 초의식은 무한한 확장성을 지닌 우주의식 그 자체이기 때문이다.

인간은 물질세계에서 가장 정신적으로 진화한 생명체다. 인간의 뇌는 뉴런이라는 신경세포를 비롯해, 뉴런에서 뉴런으로 신호를 전달하는 시냅스가 있다. 뇌에는 약 천억 개의 뉴런과 수백 조 이상의 시냅스가 존재한다. 이 수치는 우리은하에 존재하는 별들의 숫자와 맞먹는다. 인간의 뇌는 초의식 차원의 정신세계를 물질세계로 형상화한 하나의 소우주와 같다.

초의식은 팽창우주와 같이 영원불멸하고 완전한 의식으로 무한한 확장이 가능하다. 또한 초의식은 다중우주와 같이 다른 차원의 초의식과 이어져 끊임없이 영원한 초의식을 형성할 수 있다. 이처럼 우주의식의 특성을 가진 초의식은 끝없는 확장과 진화를 거듭한다. 초의식은 다음의 그림과 같이 차원 초월적인 우주의식으로 통합성·초월성·무한성의 세 가지 성질을 가진다.

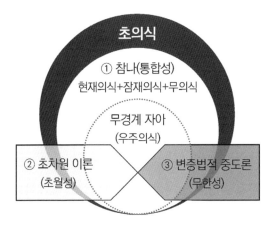

> » **통합성**

초월자는 초의식의 정체성을 가진 사람으로 참나 그 자체이다. 초월자는 초의식 에너지를 통해 현재의식-잠재의식-무의식의 의식 차원을 하나로 통합한다.

> » **초월성**

초월자는 초차원 이론의 관점으로 현실 세계에 존재하는 나를 4차원 이상의 차원 초월적인 존재로서 바라본다.

> » **무한성**

초월자는 변증법적 중도론의 가치를 실현하며 자신의 초의식을 무한히 확장해 나간다.

이처럼 통합성·초월성·무한성을 가진 초의식은 일정하게 정해진 범위를 벗어나 끊임없이 신성한 에너지를 분출한다. 행복, 사랑, 자비, 창조, 평화의 에너지를 우리가 존재하는 우주와 지구상에 널리 전파한다. 우주와 우주가 만나 다중우주를 창조하듯이, 초의식은 다른 형태의 초의식과 만나 융합하면서 최상의 시너지를 창출한다.

같은 이치로 초월자는 인류애와 이타심을 갖고 무한한 초의식의 힘을 널리 퍼뜨리는 선한 영향력을 발휘한다. 초월자는 다른 초월자와의 상호작용을 통해 초의식과 초의식 에너지의 융합을 일으킨다. 초월자는 새롭게 융합된 초의식 에너지를 내뿜으며 자신의 의식 세계를 더욱 확장하며 발전시킨다.

진정한 초월자는 자신이 지닌 완전함에 완전함을 더한다. 완전함에 완전함을 더한 초월자는 기존의 초의식이 미치는 영향력의 범위를 초월하여 무한한 지혜를 창조하고 전파한다. 바로 이것이 우주적 자기초월의 욕구를 실현하는 초월자의 참모습이다.

코칭 플러스 인생을 바꾸는 1분 노리

　노리를 통해 감각 필터링을 교체하면 현재의 생각과 감정이 바뀌고 인생이 바뀐다. 하루 1시간도 아닌 단 1분, 바로 이 1분 노리만 잘 실천해도 극강의 정신적 자유를 맛보게 될 것이다. 다만, 처음 시작할 땐 1분 안에 끝마치는 것이 벅차게 느껴질 수도 있다. 노리가 익숙해질 때까지 10분, 5분, 1분까지 점점 시간을 줄여나가 보자. 완전 강추하는 방법이니 다음 순서대로 노리의 법칙을 터득하고 완전히 자기 것으로 만들어 보자.

---

① (돌이켜봄) 하루를 마감하는 1분 노리를 시작한다. 오늘 하루 불편한 생각과 감정에 동요된 적이 없는지 돌이켜 본다.

② (알아차림) 현재 떠오르는 생각과 감정을 편안한 마음으로 관찰한다. 그 생각과 감정을 '느끼는 나'를 '자각하는 나'로서 관찰하고 알아차린다.

③ (놓아버림) 관찰 후 알아차린 감정을 놓아버리고 해방감을 부여한다. 감정을 부여잡고 저항하거나 회피하지 않는다.

④ (체화해봄) 1분 노리를 생활화하며 자동적인 습관으로 정착시킨다. 일상생활에서 부정적인 생각과 감정이 일어날 때마다 ②~③을 반복한다.

초월자의
사명

나는 예전부터 이따금 자각몽을 꾸었다. 그 안에서 나는 차원을 초월한 신과 같은 존재였다. 하늘을 날고 싶으면 날았고 가고 싶은 장소로 순간이동을 하기도 했다. 한마디로 내가 생각하고 마음먹은 모든 것을 이뤘다. 느닷없이 자각몽 이야기를 왜 꺼냈을까? 한계 없는 완전한 나를 깨닫는 순간은 자각몽의 원리와 같기 때문이다. 자각몽을 꾸는 나는 꿈속의 나를 온전히 자각하고 내 뜻대로 원하는 현실을 창조한다. 마찬가지로 초월자는 참나를 온전히 자각하고 초의식 에너지를 통해 원하는 현실을 끌어당긴다.

물론 꿈의 세계와 우리가 존재하는 물질세계의 물리법칙은 다르다. 꿈의 세계는 인간의 의식 안에 존재하기에 마음먹은 바를 즉시 이룬다. 반면에 물질세계는 인간의 의식 밖에 존재하기에 중력의 법칙에 영향을 받는다. 즉, 원하는 결과가 나오기까지 시간이 걸린다. 그러나 시간이란 어차피 공간 안의 움직임일 뿐이다. 시공간 안에서 사건은 여전히 계속 일어난다. 따라서 물질세계에서도 원하는 삶이 현실화하는 시점은 점점 가까워진다. 우리가 가진 마음중력의 강도에 따라서 현실에 반영되는 속도가 결정된다.

나는 당신이 이 책에서 제시하는 7단계 자기초월의 법칙을 끝까지 마스터하길 바란다. 그럼, 중력의 세기에 따라 모든 것을 흡수하는 블랙홀과 같이 그 끝에는 특이점Singularity이 찾아올 것이다. 특이점이란 특정 물리량들이 정의되지 않거나 무한대가 되는 시공간의 차원을 의미한다. 초월자로 살아가는 당신은 특이점을 지나서 차원 초월적인 초의식의 정체성을 갖고 무한한 내면의 평화와 행복을 획득하게 될 것이다.

당신은 지금까지 7단계 자기초월의 법칙이 안내하는 가이드에 따라 자신의 내면세계를 여행하였다. 이제는 이 여정에 마침표를 찍을 차례다. 당신은 최초에 어떤 목표와 목적을 가지고 마음여행을 시작했는가? 외부세계의 여행이 그렇듯, 내부세계의 여행 또한 각자가 원하는 여행의 목적과 스타일에 따라서 보고, 느끼고, 생각하고, 행동하는 바가 달랐을 것이다.

아마 마음여행을 하면서 자신에 대해서 새롭게 알게 된 점도 있고 부정하고 싶은 면도 있었을 것이다. 또한 좋았던 점도 있고 아쉬웠던 점도 있을 것이다. 단, 당신에게 분명히 말할 수 있는 것은 마음여행을 함에 있어 아쉬운 마음을 가질 필요가 전혀 없다는 것이다. 마음여행은 당신이 마음먹는 즉시 떠날 수 있기 때문이다.

당연한 말이지만, 내면세계의 여행은 외부세계의 여행과 달리 시간, 장소, 돈, 날씨, 이동 수단에 구애받지 않는다. 당신은 언제든지 당신만의 마음여행루트를 계획하고 원하는 지점으로 즉시 이동할 수 있다. 마음여행의 시작과 끝은 오직 당신의 마음먹기에 달려있다.

당신을 위해 그동안의 여정을 정리한 마음여행 여정표를 준비하였다. 여정표를 살펴보면서 잠시 생각을 정리하고 복습하는 시간을 가져보자.

마음여행 여정표

법칙	핵심 활동	의식	정체성	자기실현 라이프 스타일
자기인식	정체성 찾기	현재의식	현실적 자기	현재의식이 원하는 생각과 감정대로 현실적 자기를 실현하는 삶
자기전환	정체성 업데이트			
자기확신	잠재의식 강화	잠재의식	잠재적 자기	잠재의식이 바라는 믿음과 기대를 반영한 잠재적 자기를 실현하는 삶
자기긍정예언	가능성의 현실화			

자기통제력	무의식의 통제	무의식	이상적 자기	무의식이 열망하는 근원적인 욕구로서 이상적 자기를 실현하는 삶
사기실현	인생비전 디자인			
자기초월	참나의 자각	초의식	초월적 자기	초의식 차원에 존재하는 완전한 참나 자체로 초월적 자기를 실현하는 삶

1 자기인식
자신의 자아 정체성과 현재의식을 파악한다.

2 자기전환
기존의 정체성이 가진 오류를 개선하여 새로운 자아로 전환한다.

3 자기확신
자기전환된 자아에 대한 뚜렷한 믿음을 바탕으로 잠재의식을 강화한다.

4 자기긍정예언
자기확신으로 생긴 낙관적인 믿음과 기대는 자기긍정예언을 통해 현실화된다.

5 자기통제력
무의식의 본능과 욕망을 통제하여 자기긍정예언의 실현가능성을 높인다.

6 자기실현
자기통제력을 갖추면 무의식 속에서 열망하는 이상적인 자기실현을 이루게 된다.

7 자기초월
자기실현을 넘어 완전한 초의식 차원의 참나와 하나된 초월자로 살아간다.

마음여행 여정표를 보니 어떤 생각이 드는가? 당신은 처음부터 끝까지 완전한 나 자신을 탐구하는 위대한 여정을 마쳤다. 이 책의 마지막 장까지 펼쳤다는 것 자체가 당신이 특별하고 완전한 사람이라는 증거다. 이 책을 통해서 자신의 한계를 초월해 나가면 진정한 '나'를 깨닫는 순간이 찾아올 것이다.

자기초월의 여정을 시작했다면, 현재의식을 기점으로 잠재의식과 무의식을 거쳐 초의식의 세계까지 의식의 차원이동을 해보자. 단계별 의식 차원에서 요구하는 자기초월의 법칙을 충분히 느끼고 경험해보자. 다소 만족스럽지 못하고 미흡한 부분이 있다면, 완전히 숙달될 때까지 반복 학습을 해보자.

하위단계의 법칙을 통달해야 그다음 단계로 나아갈 수 있다. 시작부터 끝까지 자신에 대한 믿음과 의지를 갖추고 단계별 절차를 하나하나 정복해보자. 그럼, 어느 순간 초의식 차원의 힘과 지혜를 활용하는 자신을 만나게 될 것이다. 결국, 마음여행의 최종 목적지는 내 안의 참 존재로서 무한하고 영원한 참나와 하나를 이루는 것이다.

물론, 단순히 마음여행을 시작했다고 해서 인생이 급격하게 변화하진 않을 것이다. 마음여행은 곧 7단계 자기초월의 법칙을 직접 경험하고 실천하는 마음공부와 같기 때문이다. 인간은 무의식적으로 변화를 싫어하고 익숙한 것을 고수하는 성질을 지니고 있다. 당신은 무의식적 본능과 욕망에 취해 내면세계의 마음공부를 소홀히 하는 것을 경계해야 한다.

만약에 당신이 마음공부를 게을리하거나 실천하지 못하면 영원히 분절의식의 차원에만 머물게 될 것이다. 분절의식이 빚어낸 환영을 믿는 사람은 의식의 차원이동이 일어나지 않으며 진정한 자기초월을 이룰 수 없다. 결국 생을 마감하는 그날까지 거짓된 생각과 감정에 놀아나며 고통의 굴레와 쳇바퀴를 벗어나지 못하는 불행한 삶을 살아가게 된다.

초월자가 되기 위해서는 꾸준한 마음공부가 필요하다. 이론을 아는 것과 실천하는 것은 다르다. 마찬가지로 경험을 하는 것과 깨달음을 얻는 것도 다르다. 우리는 경험을 통해 깨달음을 얻고 다시 그 깨달음을 행동으로 옮겨 나가야 한다. 나역시 자기초월의 법칙을 완전히 체화하기 전까지 수많은 시행착오를 거듭하였다. 나는 지금도 초의식 차원을 망각하고 벗어나지 않기 위해 계속해서 마음공부를 실천하고 있다.

7단계 자기초월의 법칙은 당신의 삶에 티핑 포인트Tipping point로 작용하여 폭발적인 변화와 성장을 불러올 것이다. 티핑 포인트란 우리말로 '갑자기 뒤집히는 점'이란 뜻이다. 즉, 작은 일에서 시작된 변화가 서서히 진행되다가 변곡점을 지나는 한순간에 폭발하면서 엄청나게 큰 변화가 생기는 현상을 말한다. 당신이 자기초월의 법칙을 깨닫고 지속적인 마음공부를 실천한다면, 티핑 포인트가 시작되는 삶의 변곡점을 마주하게 될 것이다. 당신은 바로 그 순간부터 자신이 가진 한계를 초월하는 진정한 초월자의 세계로 입문할 수 있다.

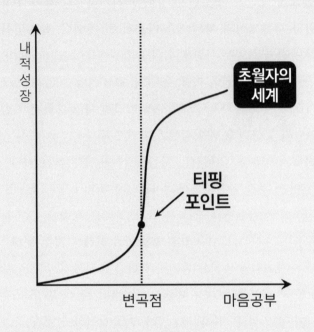

당신이 살아가는 세상은 당신이 가진 기대치와 욕구를 만족시키지 못한다. 당신 역시 세상이 가진 기대치와 욕구를 만족시키지 못한다. 당신이 가진 기대치와 욕구를 충족시킬 수 있는 건 오직 당신 자신뿐이다. 역설적으로 말해서, 인생에 진정한 행복과 풍요는 세상에 바라는 기대치와 욕구가 남아 있지 않을 때 시작된다. 기대와 욕구가 없다는 것은 현재 삶에 충분히 만족하고 더할 나위 없는 행복을 만끽하고 있다는 뜻과 같기 때문이다. 이 상태는 곧 정신적 자유를 의미한다.

정신적 자유를 얻으면 물질세계에서 비롯된 세속적인 기대와 욕구를 갈망하지 않게 된다. 세속적 욕망을 초월한 사람은 자연스럽게 인생의 미련이나 후회, 집착, 고뇌, 결핍감, 열등감, 무기력, 우울감, 불안으로부터도 벗어나게 된다. 그렇다면 과연 정신적 자유를 이룬 사람은 진정 아무런 욕구가 없는 걸까? 물론 아니다. 자기실현과 자기초월의 욕구는 여전히 유효하다. 이 두 가지 욕구는 정신적 자유의 상태를 유지하기 위한 근본적인 원동력이자 에너지로 작용하기 때문이다. 즉, 자기실현과 자기초월은 각각 물질세계와 정신세계에 동시에 존재하는 나를 행복하고 풍요롭게 만들기 위해서 필수 불가결하다.

따라서 나는 현재 자기실현과 자기초월, 딱 이 두 가지 욕구만 충족하는 삶을 살아가고 있다. 세속적인 욕망을 충족하는 일은 내 관심사 밖이다. 나는 현재 인생에 아무런 결핍감이나 집착, 후회, 미련이 없다. 나는 앞으로도 오로지 본질에만 집중하고 본질에 충실한 삶을 살아갈 것이다. 풍요롭고 행복한 세상을 만들어가는 데 조금이나마 기여할 수 있다면, 기꺼이 내온 에너지를 투입할 것이다. 이것이 곧 정신적 자유라는 목적을 추구하는 초월자의 일상이자 삶 자체이기 때문이다.

나는 내 삶에서 영원불멸한 내면의 평화와 행복에 이르기 위해 초월자가 되는 길을 선택하였다. 나는 현재 인생에서 가장 빛나는 눈부신 순간을 맞이하고 있다. 앞으로의 모든 날 모든 순간도 역시 마찬가지로 환하게 빛날 것이다. 내 마음속에는 우주와 같이 영원불멸한 초의식이 무한한 진리의 빛을 내뿜고 있기 때문이다.

당신은 자신의 인생을 자유롭고 행복하게 만들 선택권과 권한을 가지고 있다. 당신은 그 선택권과 권한을 바탕으로 자기 인생을 행복하게 만들기 위한 가장 최적의 선택을 해야 한다. 나는 앞으로 당신이 내릴 선택과 결정을 믿는다. 당신이 자기초월의 여정을 시작한다면, 나는 기꺼이 당신의 삶을 응원할 것이다. 마지막으로 이 책을 마무리하기에 앞서 당신에게 바라는 세 가지 바람이 있다.

하나, 나는 당신이 삶의 모든 문제에 관한 해결책을 찾길 바란다. 2단계 자기전환의 원리처럼 때때로 세상과 타인, 그리고 나 자신에 대해서도 비판적 사고와 자기성찰의 시간을 충분히 가져보자. 합리적 의심과 추론을 습관화하면 모든 문제의 본질을 바로 보는 분별력과 판단력이 생겨날 것이다. 이 책의 서두에서 밝혔듯이 모든 해답은 언제나 자기 자신 안에 있다. 존재 자체로 완전한 당신을 깨닫는 순간 해답지가 눈앞에 펼쳐질 것이다. 그러므로 이 책 역시 당신에게 딱 들어맞는 '해답서'가 아닌 '지침서'로 받아들이자. 앞으로 있을 내적 깨달음의 지혜와 통찰을 등불 삼아 당신만의 자기초월의 법칙을 완성해보자.

둘, 나는 당신이 초월자가 되어 완전한 정신적 자유를 누리길 진심으로 바란다. 정신적 자유를 획득하는 가장 빠르고 효과적인 방법은 7단계 자기초월의 법칙을 이행하는 것이다. 당신이 과거에 어떠한 삶을 살았는지, 미래에 어떠한 계획을 세웠는지는 중요하지 않다. 바로 지금 여기에서 굳건히 마음을 먹고 자기초월의 법칙을 실행해보자. 그럼 어느 순간 티핑 포인트의 원리에 따라 자신이 가진 한계를 뛰어넘는 초월자의 경지에 도달하게 될 것이다.

셋, 나는 본래 당신이 간직한 초의식의 빛을 당신의 마음속에 환하게 비추길 고대한다. 나아가서 당신이 가지게 될 그 빛을 주변 세상까지 환하게 비추고 전파하길 염원한다. 무한한 초의식의 힘을 널리 퍼뜨리고 세상을 밝게 빛나도록 돕는 것, 바로 이것이 초월자가 지닌 공통된 사명이기 때문이다. 위대한 초월자로 살아갈 당신의 빛나는 여정을 볼 날이 기다려진다. 당신이 가진 완벽함이 아닌 완전함의 이야기를 들려주길 희망하며~

참고문헌

Freud, S. (1922). The unconscious. The Journal of Nervous and Mental Disease, 56(3), 291-294.

Gardner, H. E. (2011). Frames of mind: The theory of multiple intelligences. Basic books.

Heron, J. (1992). Feeling and personhood: Psychology in another key. London: Sage.

Kahneman, D., Slovic, P., & Tversky, A. (1982). Judgment Under Uncertainty: Heuristics and Biases . New York: Cambridge University Press.

Meyer, D. E., & Schvaneveldt, R. W. (1971). Facilitation in recognizing pairs of words: Evidence of a dependence between retrieval operations. Journal of Experimental Psychology, 90, 227-234.

Mezirow, J. (2000). Learning as Transformation: Critical Perspectives on a Theory in Progress. The Jossey-Bass Higher and Adult Education Series. Jossey-Bass Publishers, 350 Sansome Way, San Francisco, CA 94104.

Ryan, R. M., & Deci, E. L. (2017). Self-determination theory. Basic psychological needs in motivation, development, and wellness.

Seligman, M. E., & Csikszentmihalyi, M. (2000). Positive psychology: An introduction (Vol. 55, No. 1, p. 5). American Psychological Association.

갤럽(2021). 글로벌 직장인의 실태 조사

과학동아(2014). 물체와 시공간의 상호작용. 서울: 물리산책, 강궁원

데이비드 해밀턴(2012). 마음이 몸을 치료한다. 서울: 불광출판사

맥스 테그마크(2017). 맥스 테그마크의 유니버스. 서울: 동아시아

문화체육관광부(2021). 2021년 국민 독서실태

사이먼 사이넥(2013). 나는 왜 이 일을 하는가?. 서울: 타임비즈

에리히 프롬(2019). 사랑의 기술. 서울: 문예출판사

에크하르트 톨레(2008). 지금 이 순간을 살아라. 서울: 양문

칼 융(2021). 칼 융 분석 심리학. 서울: 부글북스

켄 윌버(2006). 의식의 스펙트럼. 경기 : 범양사

프로이트(2017). 프로이트 정신분석학 입문 (개정판). 서울: 범우

초월자

한계 없는 나를 만나 완전한 정신적 자유를 얻는 길

1판 1쇄 펴낸날 2024년 4월 26일

지은이 윤왕

책만듦이 김미정
책꾸밈이 서승연

펴낸곳 채륜 펴낸이 서채윤
신고 2007년 6월 25일(제2009-11호)
주소 서울시 광진구 자양로 214, 2층(구의동)
대표전화 1811.1488 팩스 02.6442.9442
book@chaeryun.com www.chaeryun.com

책값은 뒤표지에 있습니다.
ISBN 979-11-90131-18-6 03190